爆発的パワー養成
プライオメトリクス

HIGH-POWERED
PLYOMETRICS

J.C.ラドクリフ
R.C.ファレンチノス
長谷川 裕 訳

大修館書店

High-powered Plyometrics

by James C. Radcliffe, Robert C. Farentinos

Copyright © 1999 by James C. Radcliffe and Bob C. Farentinos
Japanese translation rights arranged
with Human Kinetics Publishers, Inc.
through Japan UNI Agency, Inc.,Tokyo.

TAISHUKAN Publishing Co., Ltd., Tokyo, Japan 2004

High-Powered Plyometrics

まえがき

　過去25年間において、最もめざましい進歩を遂げたトレーニングの一つに、プライオメトリクスがある。コーチや選手がプライオメトリクスのパフォーマンス向上効果に気付くのにはさほど時間はかからなかったが、それを適用していくための体系的アプローチは十分ではなかった。全体的なプログラムのどこにプライオメトリクスを位置づければよいのか？　どれくらいやれば十分だといえるのか？　強度と量はどれくらいが適切か？　最も効果的なエクササイズは何か？　ピリオダイゼーションについてはどう考えればよいのだろうか？　1年間のトレーニングのどこにプライオメトリクスを持ってくるのが最もよいのだろうか？　年齢の若い選手に使うことは適切といえるか？　女性選手にも効果的なのだろうか？　トレーニングを有効に機能させるためには、これらの疑問に答えられなければならない。

　革新的なトレーニングが導入される時には、常に多くの神秘感と混乱がつきまとうものである。当初、プライオメトリクスはロシアの秘密トレーニング法として描かれたため、多くの神秘感や混乱を招いた。しかし実際のところ、プライオメトリクスは決して全く新しいトレーニング法でも、ロシアの専売特許でもなかった。新しかったのは「プライオメトリクス」という用語である。この用語が1960年代の末にコーチングの文献に始めて紹介されるまでは、「ジャンプ・トレーニング」と称されていたのである。こうしたトレーニングは、すでに世界中で用いられてはいたが、体系的なアプローチが欠けていたため、注目すべき結果を示すことはなかった。だが、1960年におけるソ連の走り高跳びと三段跳びの成功によって、このトレーニング法の体系的なアプローチに関心が示されたのである。

　プライオメトリクスは、スポーツ科学研究においても当時はまだ確固とした裏づけがなされていなかった。1950年代の後半から始まった、プライオメトリクスに関する科学的裏づけの道しるべとなった研究には、旧ソ連のヴェルホシャンスキー、フィンランドのコーミ、ドイツのシュミットブライヒャー、イタリアのマルガリアとボスコ、そして近年ではオーストラリアのウイルソンとニュートンによるものがある。これらの研究者達によって、筋の弾性体としての特性とそのトレーナビリティーについて理解する基礎が築かれた。それにより、現場で爆発的パワーを改善するために、プライオメトリクスを体系的に用いる可能性が開かれたのである。

　こうした研究の裏づけにもかかわらず、トレーニング方法論やプログラム・デザインの貧困により、プライオメトリクスは軽視されたり、もったいぶった専門用語になったりしてきた。プライオメトリクスは、爆発的パワーを養成するための特殊なエクササイズであって、一般的なフィットネスのためのエクササ

イズではない。高度に専門化されたものである。最大筋力と爆発的パワーの関係を改善するための全体的なトレーニング・プログラムにおいて、パワーを発達させるための他の方法と結びつけて用いるべきトレーニング法なのである。決してそれだけで完結するトレーニング法ではない。最大の効果を上げるためには、パワーを発達させるための他の方法と関係づけてトレーニングされなければならない。エクササイズを正確に遂行するための基本的なテクニック、適切な進行段階の設定、そしてピリオダイゼーションが強調されなければならない。さもなければ、ケガをする可能性が高くなり、トレーニング効果も上がらない。

　ジム・ラドクリフが彼の新しい著書への序文を私に依頼してくれて光栄に思う。というのは、プライオメトリクスのコンセプトを体系的に解説するとともに、種々のスポーツ・パフォーマンスに対する専門的な適用法を示したという点で、彼が最初に出版した本は、あらゆる言語で書かれたプライオメトリクスの本の中でも画期的なものだったからである。その後の改訂版の中で、プライオメトリクスの方法とその適用法がさらに明確にされていった。そして今回の著作は、プライオメトリクスについて書かれた他のすべての本では触れられなかった部分から始まっている。最新の研究動向と、さまざまなスポーツ種目の選手たちとの日々のフィールドにおける実践的経験を反映した、大量の新しい情報に満ち溢れている。相互のコミュニケーションを活発化し混乱を取り除くためには、正確な用語を厳密に用いることが必要となっている。ケガのリスクを最小限に食い止め、トレーニング効果を最大にするための、ドリルの特殊な順序や段階設定はもちろん、エクササイズの正確なテクニックの遂行を重視した堅実な方法論的アプローチは、正確な用語の厳密な使用によって可能となる。この本のタイトルがすべてを物語っている。計画的なパフォーマンス向上のためにプログラム・デザインされた、最適な爆発的パワートレーニングに迫る本書『爆発的パワー養成　プライオメトリクス』によって、爆発的パワーを必要とするすべてのスポーツのための、一つの統合的トレーニング要素としてのプライオメトリクスの可能性が明らかとなるであろう。

ヴァーン・ギャンベタ

序文──この本からなにが得られるのか？

　われわれが『爆発的パワー養成 プライオメトリクス』を出版する目的は明確である。つまり、可能な限り最も体系的、複合的、そして実践的なプライオメトリクスの処方を提供することである。本書はこのプライオメトリクスというトレーニング法について、さまざまなコンセプトから、実践的な情報、トレーニング法、そしてパフォーマンスの評価法までを提供するほぼ完璧なものとなっている。

　過去15年間、われわれはプライオメトリクスの広範なトレーニング・プログラムを、フィットネス愛好家、高校、大学のスポーツ選手のために指導してきた。大学レベルとプロフェッショナル・レベルのフットボール選手とバスケットボール選手、クロスカントリー、ウエイトリフティング、自転車競技、陸上競技、マラソンそして山岳走における国際レベルの選手たち、さらに若い選手や高齢者にも、プライオメトリクスのトレーニングを行ってきた。中には、1980年代から1990年代にかけてのオリンピックと世界選手権に出場した幾人かの選手たちも含まれていた。『爆発的パワー養成 プライオメトリクス』は研究とコーチングの結果、特に過去20年間にわたるジム（原著者のひとり、ジェームズ・ラドクリフの愛称―訳者）の独創的で実践的な仕事の結果である。

　われわれは、コーチ、選手、スポーツ医といった、プライオメトリクスについてもっと詳しく知りたいと願っている人々や、このダイナミックなトレーニング法を、それぞれのスポーツに対して適用する方法を知りたいと願っているすべての人々のために、この本を書いた。以前出版した内容をさらに押し広げ、トレーニングに関するコンセプトの包括的な定義、指導とトレーニングの方法論、最新の研究成果および実際の適用において考慮すべきことがらを含めた。さらに50分間のビデオテープ*も付けた。

　われわれは、自分自身のワークアウトにおいても他者のトレーニング指導においても、常にプライオメトリクスを用いている。この分野の専門的文献を広くレビューし、その結果得た知見を、こうしたわれわれの経験と照らし合わせながら紹介した。他の多くの書物がプライオメトリクスの優れた定義を示している。そしてトレーニングの構成法とエクササイズのやり方を解説している。しかし、トレーニング計画を構成するための原理を明らかにし、トレーニングとパフォーマンスのレベルアップに応じたエクササイズ系列の最適な段階を示したのは、本書『爆発的パワー養成 プライオメトリクス』が最初であり、その点からすると最も完全な本である。

　「プライオメトリクス」という用語のプライオは、「増大する」とか「増加する」を意味するギリシャ語の"pleythyein"や、「もっと多く」を意味するさらに短いギリシャ語の"plio"や、「移動する」を意味する"plyo"に由来している。メトリクスは「測定する」や「長さ」という意味である。また、"pliometric"というスペルは、エクセント

---

*このビデオテープの日本語版は、DVD版として近く大修館書店から発売予定。

リック筋活動や筋の伸張を意味するということも認められている。プライオメトリクスという単語が最初に使われたのは、1966年に出版された旧ソ連のスポーツ文献におけるV.M.ザチオルスキーによって書かれた論文の中である（Zanon 1989）。フレッド・ウィルトというアメリカの陸上競技のコーチが、1975年にこの用語の解説を行って以降、多くの人々がこの用語を使うようになった。その他のいくつかの用語がプライオメトリクスとの関係で使われている。それらは、ショック・トレーニング、スピード筋力、そして弾性的反応性などである。

プライオメトリクスの神経筋メカニズムにかかわるいくつかの基本的なプロセスについてはよく知られているが、プライオメトリクスの作用について完全に理解するためには、われわれは今後さらに多くのことを学ばなければならない。幸運なことに、ユーリー・ヴェルホシャンスキー、カルメーロ・ボスコ、パーボ・コーミ、グレゴリー・ウイルソン、メル・スィフ、マーティン・ボバート、ウォーレン・ヤング、ヴァーン・ギャンベタ、ジェームズ・ヘイといったスポーツ科学者たちによって、こうした研究が推し進められている（巻末の「参考文献・推薦図書」参照）。プライオメトリクスのトレーニングやパフォーマンスに関する生理学的な説明は難解であるかもしれないが、実践的な見地から見れば、これまでの経験によってプライオメトリクスの価値は明らかである。

実践的であろうとすることと同時に科学的に正確であろうとすることとの絶えざる葛藤は、身体的トレーニングの領域においては日常茶飯事である。われわれコーチと選手は、常に最善の結果をもたらしてくれる事柄に取り組もうとしている。効率的でありたいと思っているし、確実な結果が欲しいと願っている。本書を読めば、爆発的なトレーニングをすることによって、なぜそのような結果を期待できるかについての現場的な理解を、実験室に行かなくても深めることができるだろう。

プライオメトリクスを行うことによって何が起こっているのかを理解するためには、第1章を読んで欲しい。身体の中で何が、そしてなぜそれらが生じるかについての基礎知識を得ることができるだろう。この第1章ではプライオメトリクスを定義し、いくつかのコンセプトを提示し、プライオメトリクスがいかに、そしてなぜ有効なのかに関する原理を解説した。

もし指導している選手のトレーニングに、すでにプライオメトリクスを取り入れる準備ができているかどうかを知りたい、あるいはプライオメトリクスを取り入れるための準備をする方法を知りたいのならば、第2章を開いて欲しい。最善のトレーニングと最善の結果は、ここで示された方法を適切に行うことによって得られるだろう。ただ単に爆発的にやればよいというものではなく、総合的に取り組む必要があるのだ。この章ではトレーニング施設や器具、そして基本的エクササイズなど、プライオメトリクスの準備に必要となる事柄について解説した。

第3章では、トレーニングを安全にそして効果的に進めていくためのガイドラインを説明する。ここにはプライオメトリクスのエ

クササイズを実行するための原則だけでなく、スポーツにおいて優れたパフォーマンスを発揮するために必要とされるトレーニング要素と、安全性確保のためのケガの予防策に関する情報が含まれている。

第4章、第5章、第6章は、トレーニング種目のハンドブックとなっている。実際のフィールドで行うドリルとそのデモンストレーションの解説である。第4章と第5章では、身体のさまざまな部分に関する基本的なプライオメトリクスの動作を、脚部、体幹部、腕部に分けて解説した。第6章では、より専門的に、各スポーツ種目において必要とされる動作に一連のドリルを適用していく方法を示した。この章では、フィールドやコートやトラックのトレーニングで使用するための、プログラムを提供する。

第7章を読めば、さらに上のレベルを目指す方法、エリート・パフォーマンスのための計画法、そしてしかるべき時と場所においてピーキングを達成する方法を学ぶことができるだろう。この章で取り扱った評価、ピリオダイゼーションおよび長期計画についての方法論的考察は新しい領域である。

最終的には、プライオメトリクスを最も進んだレベルで進めていくための計画を示す。トレーニング・レベルと競技レベルに応じて、必要とされるプライオメトリクスの「漸進性」をいかに適用するべきかについても触れる。この側面について触れた部分以外でも、個々のドリルを適切な漸進的方法で解説した。200以上の連続写真が、ドリルにかかわる概念や方法や説明の理解を助けてくれるだろう。

謝辞

本書の出版にあたってお世話になった多くの人々に感謝する。ファレンチノス・ジムのメンバーとコーチたち、特にマイク・ロペスには感謝したい。彼はプライオメトリクス分野における初期の活動によってジム・ラドクリフを助けてくれた。グレッグ・ベッツァー、ハーヴィー・ニュートン、エド・バーク、ダン・ニールセン、オーダン・エンデスタッド、パット・アーン、デイヴ・フェルクリー、ダン・アレン、スティーヴ・イルグ、ジョーン・タンスリー、I.J.ゴーマン、スティーヴン・ファレンチノス、クリス・ファレンチノス、ヴァーン・ギャンベタ、ロブ・ロジャーズ、カルメーロ・ボスコ、マーク・ストリーム、ロウ・オスターニック、ジャニス・レタニック・ラドクリフ、パット・ロンバーディ、ジェフ・ギンター、デイヴ・ズィンバ、オスカー・パームクイスト、エイシャ・ワレス、スー・モリス、そしてオレゴン大学ユージーンの多くの選手とコーチたちから、有益な援助を受けた。

公私にわたり楽しいお付き合いをさせていただいたこれらの方々の恩恵に対して、ささやかながらも本書が報いることになればと心より願っている。

訳者まえがき

　爆発的筋力やパワーを必要とする多くのスポーツ・パフォーマンスを改善する目的で、プライオメトリクスは今日多くのトレーニング現場で用いられ一定の成果を上げている。プライオメトリクスの科学的根拠や方法論についても、雑誌の特集や講習会などで取り上げられ、選手やコーチのプライオメトリクスに対する科学的理解の促進や新しい情報の提供に役立てられている。しかし、爆発的筋力やパワー発揮の正確な特性理解が不十分なために、エクササイズ・テクニックが適切ではなく、せっかくのトレーニングが無駄になったり、全体的なトレーニングのプログラム・デザインやピリオダイゼーションへの位置づけが不明瞭なためにその効果が十分得られなかったりという失敗例も見受けられるようである。

　プライオメトリクスは決して魔法ではない。他のすべてのトレーニング方法と同様に、背後にあるメカニズムの正確な科学的理解なくして、確実な効果を上げることは困難である。にもかかわらず、日本語で書かれた体系的なプライオメトリクスの書籍は、1987年にベースボールマガジン社から出版された『爆発的パワートレーニング・プライオメトリクス』（原著1985年）が最初で最後であった。

　ストレッチ－ショートニング・サイクルに関する科学的研究とプライオメトリクスに関する実践的知識は、この十数年間で劇的な進歩を遂げた。

　本書は、1985年の原著と同じ著者たちによって、そうした最新の研究成果とこの間の実践的経験をふまえて、1999年に出版された"High-powered Plyometrics"の全訳である。『コーチング・クリニック』誌2001年1月号～2002年10月号に連載した翻訳をもとに、訳語と表現を全体的に改めた。

　紹介されているエクササイズ種目には、一見すると目新しいものはさほど多くないように見えるかもしれないが、スポーツ動作の特性を考慮した種目が追加されている他、実施方法の厳密な説明とその体系化において、最新の研究成果や長年の指導経験から得られた新しいノウ・ハウが凝縮されている。また、旧著にはなかったプライオメトリクスに関するバイオメカニクスの最新知識がわかりやすくまとめられており、ストレングス・トレーニングとコンディショニング全体への位置づけや、プログラム・デザイン、年間計画の立て方など、これまでの類書にはなかった内容を含んでおり、まさに現場にとって今最も必要な情報にあふれたプライオメトリクスのハウ・ツーとなっている。

　最後になりましたが、連載の段階でお世話になった『コーチング・クリニック』誌編集長の石根左恵氏、本書の出版でご苦労いただいた大修館書店の浦田健吾氏ならびに太田明夫氏に対し、あらためて心からの謝意を捧げます。

　　　　　2004年10月

　　　　　　　　　　　　長谷川　裕

爆発的パワー養成 プライオメトリクス
CONTENTS

まえがき　iii　　　　　　　　　序文　v
訳者まえがき　viii　　　　　　　目次　ix

第1章　プライオメトリクスの科学 ──── 1

1. パワー　2
2. 筋収縮　3
　(1) 負荷とストレッチ反応　4　　　(2) 弾性　4
3. ストレッチ-ショートニング・サイクルの利用　5
　(1) 償却局面　7　　　　　　　　(2) 筋伸展(伸張)反射　7
　(3) 弾性要素と収縮要素　7　　　　(4) 自己受容器と増強効果　8
4. プライオメトリクス計画の核心　9
　(1) 漸進的オーバーロード　9　　　(2) 特異性　11

第2章　プライオメトリクスの準備 ──── 13

1. 能力の評価　14
　(1) 年齢　14　　　　　　　　　　(2) 身体的能力と健康上の制限　15
　(3) 一般的フィットネス　16　　　　(4) 個人差—遺伝を受け入れること　16
2. 経験の考慮　16
3. 筋力評価　17
4. エクササイズ目的の評価　18
5. トレーニング器具の選定　21
　(1) 施設　21　　　　　　　　　　(2) 道具　21
　(3) 服装　26

第3章　プライオメトリクスのテクニック ──── 27

1. ウォーム・アップとクール・ダウン　28
2. 基礎を作る　32

(1) ストレングス・トレーニング　32　　　　(2) 継続的評価　32

(3) 基本を忘れるな　34　　　　　　　　　　(4) 着地　35

(5) 足の着き方　35　　　　　　　　　　　　(6) ブロッキングとサム・アップ・ルール　36

(7) フォロー・スルー　36

3. エクセントリック・エクササイズのジレンマ　36
4. 漸進的オーバーロード　38

(1) 量　39　　　　　　　　　　　　　　　　(2) 1回反応ドリルと複数反応ドリル　39

(3) 高強度　41

5. 力の最大化と時間の最小化　42
6. 休息　42
7. コンプレックス・トレーニング　44
8. トレーニング・プログラムの個別化　44
9. 特異性　46
10. トレーニングとリハビリテーションの機能　47

第4章　下半身、脚、および股関節 ──────── 49

1. トレーニングの動作と方法　50
2. 対象となる筋群　51
3. 動作とパワー・チェイン　51

(1) ジャンプ　52　　　　　　　　　　　　　(2) バウンド　53

(3) ホップ　53　　　　　　　　　　　　　　(4) リープ　54

(5) スキップ　54　　　　　　　　　　　　　(6) リカシェット　54

4. 基本ドリル　54
5. ジャンプ（ドリル1−17）　56

〔1〕ポゴ…56　　〔2〕スクワット・ジャンプ…57　　〔3〕ボックス・ジャンプ(1回反応)…58　　〔4〕ロケット・ジャンプ…59　　〔5〕スター・ジャンプ…60　　〔6〕ダブル - レッグ・バット・キック…61　　〔7〕ニー - タック・ジャンプ…62　　〔8〕スプリット・ジャンプ…63　　〔9〕シザーズ・ジャンプ…64　　〔10〕ダブル・シザーズ・ジャンプ…65　　〔11〕シングル - レッグ・ストライド・ジャンプ…66　　〔12〕ストライド・ジャンプ・クロスオーバー…67　　〔13〕クイック・リープ…68　　〔14〕デプス・ジャンプ…70　　〔15〕ボックス・ジャンプ(複数反応)…72　　〔16〕デプス・リープ…73　　〔17〕デプス・ジャンプ・リープ…74

6. バウンドとスキップ（ドリル18−31）　75

〔18〕プランシング…75　　〔19〕ギャロッピング…76　　〔20〕ファースト・スキッピング…78　　〔20a〕エクステンディッド・スキッピング…79　　〔21〕アンクル・フリップ…80　　〔22〕ラテ

ラル・バウンド（1 回反応）…81　〔23〕シングル - レッグ・ステア・バウンド…82　〔24〕ダブル - レッグ・インクライン＆ステア・バウンド…83　〔25〕ラテラル・ステア・バウンド…84　〔26〕交互レッグ・ステア・バウンド…85　〔27〕交互レッグ・バウンド…86　〔28〕ラテラル・バウンド（複数反応）…88　〔29〕交互レッグ・ダイアゴナル・バウンド…89　〔30〕ボックス・スキップ…90　〔31〕ボックス・バウンド…91

7. ホップ（ドリル 32 − 43）92

〔32〕ダブル - レッグ・ホップ前進…92　〔33〕ダブル - レッグ・スピード・ホップ…94　〔34〕漸増垂直ホップ…95　〔35〕サイド・ホップ…96　〔36〕サイド・ホップ - スプリント…97　〔37〕アングル・ホップ…98　〔38〕シングル - レッグ・バット・キック…99　〔39〕シングル - レッグ・ホップ前進…100　〔40〕シングル - レッグ・スピード・ホップ…101　〔41〕シングル - レッグ・ダイアゴナル・ホップ…102　〔42〕シングル - レッグ・ラテラル・ホップ…103　〔43〕デクライン・ホップ…104　〔44〕インクライン・リカシェット…106

第 5 章　体幹と上肢 ──────────── 107

1. トレーニングの動作と方法　108
2. ターゲットとなる筋群　108
3. 体幹（ドリル 45 − 58）　109

〔45〕メディシン・ボール・オーバー＆アンダー…110　〔46a〕メディシン・ボール・ハーフ・ツイスト…111　〔46b〕メディシン・ボール・フル・ツイスト…112　〔47〕ショベル・トス（1 回反応）…113　〔48a〕メディシン・ボール・スクープ・トス（1 回反応）…114　〔48b〕メディシン・ボール・スクープ・トス・バリエーション…115　〔49〕バー・ツイスト…116　〔50〕ツイスト・トス…117　〔51〕メディシン・ボール・スクープ・スロー…118　〔52〕フロアー・キップ…119　〔53〕水平スウィング…120　〔54〕垂直スウィング…121　〔55〕レッグ・トス…122　〔56〕メディシン・ボール・スクープ・トス（連続反応）…123　〔57〕連続ホップからのオーバーヘッド・スロー…124　〔58〕連続ホップからのアンダーハンド・トス…125

4. 上体（ドリル 59 − 67）　126

〔59〕メディシン・ボール・チェスト・パス…127　〔60〕プッシュまたはパスの段階的バリエーション…128　〔60a〕チェスト・プッシュ（1 回反応）…128　〔60b〕チェスト・プッシュ（連続反応）…129　〔60c〕ツー - ポイントまたはスリー - ポイントの構えからのチェスト・プッシュ…130　〔60d〕チェスト・プッシュからのダッシュ…131　〔60e〕構えからのリターン・プッシュ（1 回反応と連続反応）…132　〔61〕オーバーヘッド・スローの段階的バリエーション…133　〔61a〕仰臥位での片手によるオーバーヘッド・スロー…133　〔61b〕仰臥位での両手によるオーバーヘッド・スロー…134　〔61c〕膝立ち姿勢からの両手によるオーバーヘッド・スロー…135

〔61d〕立位からの両手によるオーバーヘッド・スロー…136　〔61e〕ステップからの両手によるオーバーヘッド・スロー…137　〔62〕シット-アップ・スロー…138　〔63〕アーム・スウィング…139　〔64〕ヘビー・バッグ・スラスト…140　〔65〕ヘビー・バッグ・ストローク…141　〔66〕キャッチ＆オーバーヘッド・スロー…142　〔67〕ドロップ・プッシュ…143

第6章　種目別トレーニングのプログラム ― 145

1. スポーツのための専門的トレーニングのプログラム　147
2. 12週間のコンディショニング・プログラム　147
3. ベスト12種目　147
4. スペシャル・プログラム　163

第7章　長期にわたるパワーの養成 ― 165

1. 評価法としての記録会　167
   (1) スタンディング-ランディング・ジャンプ・テスト　167
2. ジャンプ・デカスロン　168
3. スローイングとパッシングのテスト　172
   (1) メディシン・ボール・チェスト・パス　172
   (2) メディシン・ボール・オーバーヘッド・スロー・フォワード　172
   (3) メディシン・ボール・オーバーヘッド・スロー・バックワード　172
4. シーズンに合わせたコンディショニング－パワーの階層　173
5. 年間を通したコンディショニング－計画的なパフォーマンスのためのトレーニング　174
   (1) 年間のピリオダイゼーション計画　175　　(2) 時期区分　175
   (3) 局面　178

参考文献・推薦図書………181　　索引……………………187
訳者あとがき……………193　　原著者紹介……………194

HIGH-POWERED Plyometrics

第1章
プライオメトリクスの
　　科学

> プライオメトリクスとは、ほとんどすべてのスポーツ・パフォーマンスにおける重要な構成要素である爆発的パワーを発達させるためのトレーニング方法である。そのパフォーマンス向上効果は、今日プライオメトリクスをトレーニングに取り入れている多くのコーチや選手たちによって確かめられており、競技力向上のための計画を立てる上での不可欠な構成要素となっている。

1. パワー

プライオメトリクスの有効性についてはまだすべてが解明されたとは言えず、未知の部分も残されている。しかし、事実としてこのトレーニングによって結果が示されてきた。1960年代末、ユーリ・ヴェルフォシャンスキーは漸進的なジャンプ・エクササイズを行うことによって、ジャンプ能力とスプリント能力が著しく改善される可能性があると指摘した。オリンピックの短距離走で優勝したヴァレリ・ボルゾフをはじめとする選手たちが実施していたトレーニングと彼らのパフォーマンスがこの指摘を実証するうえで大いに役立った。1980年代初期になり、ラス・ポレムス、エド・バークハルトといった研究者達によって、ウエイト・トレーニングと結びつけて行われるプライオメトリクスは、ウエイト・トレーニングだけのプログラムよりも、身体的な発達を促進するという具体的な証拠が示された。その研究は、ウエイト・トレーニングをプライオメトリクスとうまく組み合わせるならば、ケガをすることなく筋力とスピードをさらに強化できるというものであった。

人類はこれまで常に身体的パワーの価値を追求してきた。少なくとも古代ギリシャ以来、競技選手は自らのスピードと筋力を高める方法を追い求めてきたといえる。パワーとは、結局のところ、筋力とスピードの結合、すなわち力と速度の積である。言い換えるならば、パワーとは、一定の運動区間において単位時間あたりに作用した力のことである。

テニスのサーブであろうがクリーン＆ジャークであろうが、ほとんどすべてのスポーツ・スキルの遂行のためにはパワーが必要不可欠である。したがって、こうしたスポーツにおける素早い爆発的な動きを改善するための特別なエクササイズが長年にわたって開発されつづけてきたことは驚くに値しない。しかし、爆発的反応パワーを体系的に強調したトレーニング・プログラムが開発され始めたのはここ数十年のことである。爆発的パワーを発達させるためのトレーニングが他のトレーニングと明確に区別されるようになるのは、さらに最近になってからのことである。

したがって、この知識領域には今後解決されなければならないいくつかの問題がある。その第1は、爆発的パワーや反応性のパワーを発達させるための方法にはきわめて多くの異なった方法がとられてきたということである。あるものはより一般的であり、あるもの

はより専門的である。そしてそれぞれのトレーニング方法は他の方法と区別された独自の異なる特性を持っている。第2は、これらのトレーニング法は多くの異なった国々で、別々の言語を用いて、さまざまな社会構造において研究され、発達させられ、確かめられ、解釈されてきたという問題である。これらの問題が解決されることにより、この分野は今後さらに進歩するであろう。

この章では、プライオメトリクスのトレーニング体系を理解する上で役立つと思われる幅広い視野からの情報を提供する。しかし、ここでは、科学的領域に深入りするのではなく、最も重要な原理のみを考察することにしよう。科学的な研究については他の文献で調べてもらいたい（「参考文献・推薦図書」参照）。

本書には多くのトレーニングが示されているが、それらはすべて、実践的経験によって有効性が明らかにされているごく少数の原理に基づいている。第1の原理は、エクセントリック筋収縮から得られるパワーを可能な限り有効に利用するという原理である。第2は、ストレッチ－ショートニング・サイクル（SSC）の活用によって得られる有利性と、筋の弾性要素から生じる爆発的パワーに関する原理。そして第3は、漸進的オーバーロードの原則と特異性の原則というスポーツ・トレーニングの基本原理をプライオメトリクスのプログラムに適用するということである。

2. 筋収縮

人間の身体には常に外部からの力や衝撃が作用しており、筋の収縮がそれに対抗している。筋収縮（「筋活動」という用語を好む生理学者もいる）には、ネガティブ（「エクセントリック」）とポジティブ（「コンセントリック」）がある。エクセントリック収縮において、筋は張力を発揮しながら伸張、すなわちストレッチされる（「ネガティブな仕事」と呼ばれている）。これに対して、コンセントリック収縮においては、筋は張力を発揮しながら短縮する（「ポジティブな仕事」と呼ばれている）。筋がその内部で発揮している張力より少しでも大きい外力を受けると、筋はエクセントリック収縮という形で伸張される（引き伸ばされる）。このタイプの収縮によって、筋は骨格の運動にブレーキをかけることができる。別の言葉で表現すると、エクセントリック収縮によって運動速度を減速させることができるのである。筋がエクセントリック収縮をする時は、同じ筋がアイソメトリックなポジションで発揮できる張力よりも大きい張力に耐えることができる。筋に加えられる負荷によって筋は引き伸ばされる形で仕事をするので、その仕事はネガティブな仕事と呼ばれ、逆に抵抗に打ち勝つ形で仕事をするコンセントリック収縮による仕事はポジティブな仕事と呼ばれる。要するに、筋がエクセントリックに収縮する時は、力を発揮しているにもかかわらず引き伸ばされていくのである。筋がその内部で発生している力よりも外部から作用する負荷のほうが大きいからである。基本的に重力の方向に向かって行われる運動はす

べてエクセントリック収縮の支配下にあるといってよい。

　ここで重要なことは、ネガティブな仕事におけるエネルギー消費はポジティブな仕事におけるエネルギー消費よりも小さいという点である。コンセントリック収縮による運動と比較して、エクセントリック収縮による運動においては、動員されるモーターユニットの活動数と酸素消費量は少なくて済む。したがって、両者におけるエネルギーの入出力関係には違いが生じる。つまりエクセントリックな運動はコンセントリックな運動よりも機械的効率が高くなるのである。また、中速から高速でエクセントリック活動が行われる場合には、速筋性のモーターユニットが使われやすくなる。その結果、速筋性のモーターユニットに支配された筋線維が優先的に動員されるということが起こる。このモーターユニットのインパルス発火頻度は高く、筋線維サイズも大きい。そして一定数のモーターユニットあたりに発揮できる力は他のタイプの筋線維よりも大きい。エクセントリック収縮において発生する力がコンセントリック収縮において発生する力よりも大きくなる理由は、筋の骨への付着部において、より大きな張力が発生することによる。したがってエクセントリックな運動をする際には、コンセントリックな運動をする場合よりも腱に対して大きな力が作用することになる。

　要約的に述べると、筋の収縮力とスティフネス*に影響を与える化学的、力学的そして神経学的要因により（Komi 1973）、急激なコンセントリック収縮の前に行われるエクセントリックに伸張されながらの筋活動は、骨格筋において最も大きな力とパワーを発生を生み出す。これがプライオメトリクスにおける重要な筋収縮のタイプとなっている。
（*筋を引き伸ばそうとする外力に対する抵抗力のこと。筋の硬さを意味する。―訳者）

(1) 負荷とストレッチ反応

　筋が刺激される際の筋の長さは、刺激に対する収縮反応の大きさに影響を及ぼす。筋に対する力の作用、すなわち「荷重」が加わると筋はそのストレスに対して反応する。荷重がかかると筋の形状や体積において一定量の変形（「ひずみ」と呼ばれる）が生じる。筋が引き伸ばされたり短縮したりする時、筋の内部の液体がこの変形に対しての抵抗となる。この抵抗は「粘性」と呼ばれている。この粘性のため、筋が力を発揮する際に、力の作用方向とは逆の方向に動かなければならない（「プレ・ストレッチ」と呼ばれる）。筋の組織的特性によって張力がさらに大きくなることがある。これはストレッチ反応として知られている。この反応は伸張反射とは区別されなければならない。伸張反射は、筋紡錘から送られるインパルスを用いて筋の緊張度を維持するための基本的神経機構である。これに対してストレッチ反応とは、平行に並ぶ筋線維がその安静時長よりも少し引き伸ばされた時に最大張力が得られるという筋の特性をいう。

(2) 弾性

　筋力とは筋が生み出す最大の力ないし張力

である。一回の最大努力によって、ある抵抗に対して発揮される筋群の力ないし張力である。筋力の発生に随伴するひとつの重要な構成要素が筋の「弾性」と呼ばれる性質である。これは筋の伸張によって張力を増大させる能力であり、骨格筋の収縮要素内にも存在する。当然この能力にも限界はある。

　弾性あるいはひずみの程度は、筋組織が力に対抗してもとの形状に戻ろうとする力（「応力」と呼ばれる。―訳者）と直接的な比例関係にある。プライオメトリクスが利用するのがこの弾性という性質である。

　弾性によって、ひずみや、筋がもとの方向に戻ろうとする際に発生する張力を「利用」できるようになる。その結果、発揮する力をより大きくしたり、力をより効率的に使えるようになるのである。この性質を持つものが弾性体である。弾性体である筋は筋の弾性の範囲においてエネルギーを蓄積する能力を持っている。荷重が取り除かれ組織がもとの形状に戻ろうとする時にこの弾性体はエネルギーを放出するのである。

　弾性の研究は貯蔵弾性エネルギーという概念を生み出した。これは運動のエクセントリック局面において、粘弾性をもつ組織の変形によって獲得される回復可能なエネルギーである。このエネルギーは、引き続く筋活動のコンセントリック局面において再利用できる。弾性エネルギーは、熱として散逸することなく、その後に続く能動的な短縮の局面において再利用するために蓄積され貯蔵される。それゆえ機械的エネルギーとしても説明できるのである。

3. ストレッチ－ショートニング・サイクルの利用

　ストレッチ－ショートニング・サイクル(SSC)として知られる筋機能のコンビネーションとして、エクセントリック筋活動とコンセントリック筋活動は、通常は連続して生じる。筋長はエクセントリック収縮においては長くなり、コンセントリック収縮においては短くなる。ほとんどすべての動作において、エクセントリックの反動動作がコンセントリックな筋活動に先行する。ストレッチ－ショートニング・サイクルの原理を定義することは、トレーニング動作や競技動作を実行する時に何が生じているかを理解するのに役立つだけでなく、こうした原理をいかに応用するかを理解する助けとなる。この理解がプライオメトリクスを計画する時に有効となる。

　ストレッチ－ショートニング・サイクルのモデルを適用してトレーニングの分析と適用を行う際、人間の競技スポーツ・スキルのパフォーマンスは、決して筋力、速度、荷重、ストレッチといった諸要因の総和ではないということに気をつける必要がある。プライオメトリクスであろうがなかろうが、あらゆる種類の運動パフォーマンスはまさに全体論的である。すなわち、すべての要因が統合された全体である。人間のパワーの発生においては、多くのメカニズムが骨格筋を駆動し調整している。ストレッチ－ショートニング・サ

イクル運動における筋の制御能力と反応性のパワーの向上は、複雑な神経筋構造と感覚運動経路における変化と関係している。

ストレッチ－ショートニング・サイクルのエクセントリックな部分すなわちストレッチ局面から、コンセントリックな部分すなわちショートニング局面への切り換えを表現するおそらく最も的確な用語は、ヴァーン・ギャンベタによって1986年に提起された「弾性的反応性」という概念であろう。この弾性的反応性において重要となるのは、力積＊あるいは身体の運動を開始させる力、およびこの力によって生み出される運動である。大きな力積は高い効率とかかわる。大きなストレッチがポジティブな仕事に先行して行われると、機械的効率は高くなる。これは、ストレッチによる相乗的なエネルギーレベルの増大と高効率化を説明するメカニズムであり「増強効果」と呼ばれている（Komi 1986参照）。
（＊作用する力の大きさとその力が作用する時間の積。—訳者）

ストレッチ－ショートニング・サイクルに関与する随意的および不随意的運動過程の基礎となるのが、いわゆる伸張反射である。これは「筋紡錘反射」あるいは「筋伸長反射」とも呼ばれている。筋紡錘と伸張反射は神経系による全体的な身体運動制御のための不可欠な構成要素である。ほぼすべての運動スキルを実行する時、筋には何らかの種類の負荷が加えられる。筋の急激な伸張という負荷は筋紡錘反射を活性化し、その結果、脊髄を介して強い刺激が筋に伝達される。この刺激がパワフルな収縮を引き起こすのである。

では次に、いかにストレッチ－ショートニング・サイクルが作用するのかを見てみよう。ストレッチ－ショートニング・サイクルの各局面を表すさまざまな用語が用いられている。それらの局面とはストレッチあるいはエクセントリック局面、短かいつなぎの局面、そしてショートニングあるいはコンセントリック局面に大別される。基本的にこのサイクルは、筋が伸張もしくはストレッチング（ネ

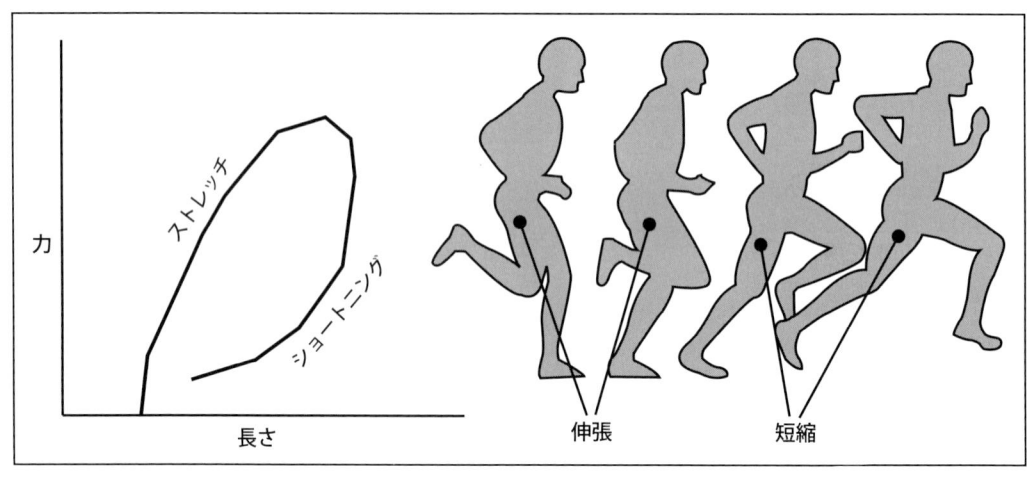

図1-1　ストレッチ－ショートニング・サイクル

ガティブな仕事）によって張力を加えられるエクセントリック収縮と、筋が短縮（ポジティブな仕事）するコンセントリック収縮を結び付けている。図1-1にストレッチ－ショートニング・サイクルを筋の機能的な説明および自然な動きにおいて示した。

(1) 償却局面

一般的な言葉としての「償却」とは、何かが少しずつ減っていくとか、消滅していくとかあるいは、死滅していくことである。ストレッチ－ショートニング・サイクルにおいては、エクセントリック収縮局面の開始からコンセントリック収縮局面の開始までの経過時間を意味する（図1-2参照）。

(2) 筋伸展（伸張）反射

筋紡錘とその他の筋骨格系の感覚器官が筋の伸張を検出し、インパルスが脊髄に送られ、より力強い収縮のためのインパルスが脊髄から筋へと戻される。

> **基本的コンセプト**：反射的な反応を引き起こすためには、筋を予備伸張状態におき、エクセントリックからコンセントリックへと活動させる。

(3) 弾性要素と収縮要素

骨格筋の筋フィラメントに対して直列に位置するバネ的要素（直列弾性要素またはSEC）と平行に位置するバネ的要素（並列弾性要素またはPEC）は張力を増大させる（Hill 1950）。筋はエクセントリックな活動中に弾性エネルギーを貯蔵し、コンセントリック活動においてそのエネルギーを放出する。もし償却が遅く行われるならば、筋は弾性エネルギーを通

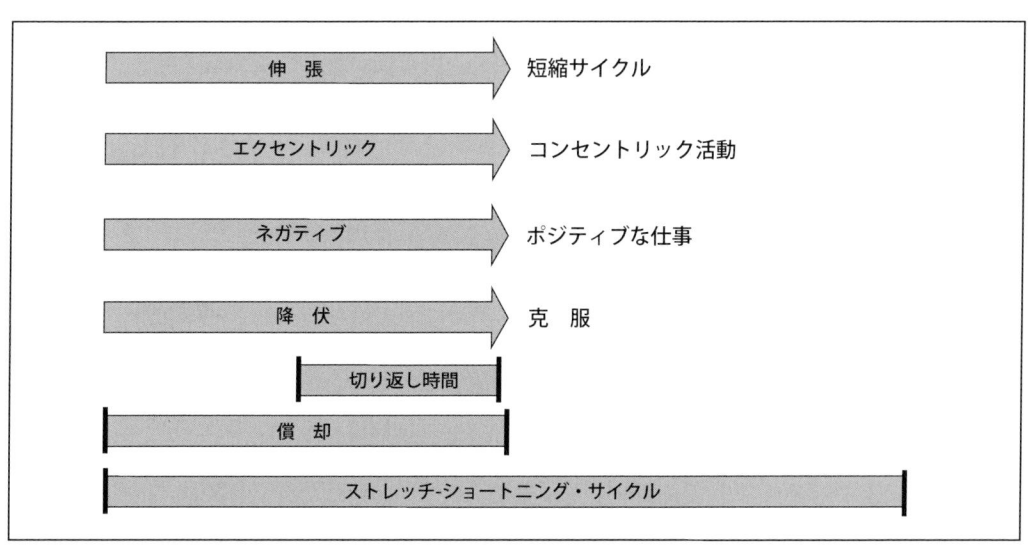

図1-2　償却に関する用語の整理

図1-3　一瞬の素早い切り返しの重要性

常は熱として散逸する（Cavagna 1977）。プレストレッチと切り返しに要する時間が短ければ短いほど、弾性は増長される（Komi 1973）。研究者たちは伸張の長さや大きさよりも伸張の速さのほうがより重要であると考えている。長くて時間のかかるものよりも素早い伸張動作が望まれるのである（Cavagna 1977, Bosco & Komi 1979）。

(4) 自己受容器と増強効果

運動の知覚は筋から脊髄、そして脳へと伝達され、筋に戻される。つまり、筋骨格系の感覚器官から中枢神経系への情報伝達、その情報の中枢神経系における解釈、そしてモーターユニットのリクルートメントおよび筋スティフネスの調整という段階を経て身体運動の調整がなされる。

> **基本的コンセプト**：プレストレッチと神経筋要素の活性化を伴うトレーニングは神経活動と筋パフォーマンスの効率を改善する (Schmidtbleicher 1992)。

ストレッチ－ショートニング・サイクルを利用するエクササイズ、すなわちプライオメトリクスによって誘発される神経筋システムの変化は、筋の長さの僅かなそして急激な変化に対してより素早くパワフルに反応する筋群の能力が向上することにある。したがって、プライオメトリクスにおいては、神経筋システムの働きがより素早く、よりパワフルに切り換えられるようなエクササイズの条件を設定することが重要となる。

プライオメトリクスを実施するにあたって、身体のさまざまな部位に分けてトレーニングするためのエクササイズを考案することができる。それらのエクササイズの分類はジャンプ、バウンド、ホップや、屈曲、伸展、体幹の回旋や、トス、スローイング、パスというように配列することができる。これらの運動の説明や定義は後ほど、特に第4章から第6章において解説する。しかし、そこで示されるエクササイズは、ストレッチ－ショートニング・サイクルを利用し尽くすために、読者がオリジナルなエクササイズを開発する単なるきっかけに過ぎない。

4. プライオメトリクス計画の核心

ストレッチ‐ショートニング・サイクルとプライオメトリクスにおいても適用しなければならないスポーツ・トレーニングの原則がある。その第1は、最も基本的で広く受け入れられている漸進的オーバーロードの原則である。

(1) 漸進的オーバーロード

漸進的オーバーロードの原則を適用することによって、筋力、パワー、持久性を効果的に発達させることができる。筋力の向上とトレーニングで使用する負荷の大きさとの関係はよく知られている。オーバーロードのかからない小さな負荷での反復は、筋力ではなく筋持久力を重視したものとなる。

われわれが重視するのはパワーの発達である。パワーとは力と時間あたりの距離を掛け合わせたものの関数であるから、オーバーロードをかける方法はいくつもあることになる。筋力×スピードという伝統的なパワーの定義に縛られることなく、パワーが導かれる基本的な公式に即してトレーニング・セッションで用いるべきオーバーロードを検討する必要がある。

パワー・トレーニングという用語の代わりに、スピード筋力という用語がよく用いられている。これは短時間で最大筋力に到達する能力を示している。すなわち、ある運動における最大筋力とそれに到達するのに要する時間の比である(Matveyev 1977)。多くのスポーツ科学者たちがこれに関連する筋力要素を説明するためのさまざまな用語を使用している。それには、絶対筋力、爆発的筋力、スタート筋力、反応筋力などがある。では、パワーの公式をさらに詳しく分解してパワーの実体を明確にしよう。基礎物理学の講義ではパワーは常に次の公式で示される。

$$P = \frac{F \times d}{t}$$

ここで、
 F＝作用する力
 d＝力が作用した最大距離
 t＝力が作用した最短時間

これをわれわれが日常的に用いている言葉に翻訳すると、
 F＝力の発揮（筋力や衝撃力に相当）
 d＝移動した距離（アジリティーやコーディネーションに相当）
 t＝時間の短縮（スピードや加速に相当）

より大きな力 (F) を作用させるためには筋力を向上させる必要があることに反対するコーチはまずいない。同様に、時間 (t) を短縮するためには運動を加速させなければならないことを無視するコーチもいないだろう。

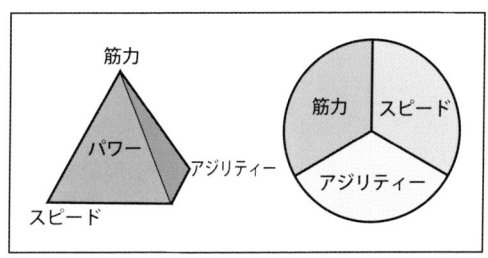

図1-4　プライオメトリクスの要素

表1-1　プライオメトリクスのオーバーロード

抵抗的オーバーロード	空間的オーバーロード	時間的オーバーロード
●重力	●範囲	●運動実施速度
●傾斜	●矢状面、水平面、前額面	●衝撃
●外力		

しかし、驚くべきことに、多くのコーチがこの公式のもう1つの項について考慮することを軽視している。つまり適切な距離を移動するために必要となるアジリティーやコーディネーションである。もちろん、これには身体の大きさや形といった身体的特性による限界はある。1つのパイを作るためには、ひとつひとつがその重要なパーツとなっているこれら3種類の要素すべてが必要となるのであるから、プライオメトリクスの目的に応じてこれらすべての領域に対するオーバーロードを考慮しなければならないのである。

プライオメトリクスで利用できるオーバーロードの種類を表1-1に示した。

ストレッチ-ショートニング・サイクルのトレーニングにおいて普通用いられる抵抗的オーバーロードは、高所からの重力(g)による落下の結果として増大する力に打ち勝つことであり、そのためにエキセントリック収縮による四肢や身体全体の急激な伸張が生じる。ストレッチ-ショートニング・サイクルにおいて空間的オーバーロードをかけるには、選手が力を発揮するべき運動面上での動作範囲を広くする必要がある。運動それ自体が可動範囲全体を通してのオーバーロード効果をもたらす。ここでの基本的なコンセプトは、動作範囲の特定の部分で伸張反射を働か

せるという考え方である。助走なしの両脚による垂直跳びを例として考えてみよう。力の作用方向は上向きであるから、身体全体のすべての部分の合力を上向きにする。この同じ合力を、脚を矢状面上で前後に開いた姿勢から作用させることもできる。こうする事で身体にかかるオーバーロードを増加させ難度を高めることができるのである。四肢の運動面とその運動に関与する筋群は個々のスポーツ・スキルによって異なるが、多くのエクササイズは空間的に誇張したフォームでそれを実施することができる。目標とするパフォーマンスの運動面と同じ運動面で、四肢の動作範囲については拡大して実施する。

時間的オーバーロードは運動をできるだけ強くしかも素早く行うことで増加させることができる。骨格筋が生み出す力は、短縮や伸張の速さおよびその瞬間の筋の絶対的な長さに依存している。エキセントリックな運動では、力は筋の伸張速度が速くなるにしたがって大きくなる。コンセントリックな運動では、逆に筋の短縮の速度が速くなると筋力は減少する。ある理論によれば、エキセントリックからコンセントリックへの移行が高速になればなるほど、筋が発生する張力は大きくなり、おそらく筋パワーも増大するという(Komi 1973)。この側面を強調するためには、傾斜

した地面や弾性性に富んだ床といったバリエーションを利用するとよいだろう。

> **基本的コンセプト**：スプリントタイムの短縮やジャンプ能力の向上、その他スポーツ・パフォーマンスの改善は、その大部分がエクセントリックな負荷と筋の弾性を利用したトレーニングの成果であるとみなしてもいいだろう (Radcliffe & Farentinos 1985)。

(2) 特異性

　プライオメトリクスにとって重要となるもう1つのトレーニングの原則は、特異性である。スポーツ競技のトレーニングにおける特異性とは、特定の種類のオーバーロードに対する神経筋系および代謝系の適応を意味している。例えば、ある特定の筋群に対する筋力トレーニングという運動ストレスは、特定部位の筋肉における特定の筋力的適応を惹き起こす。また、持久的トレーニングをしなければ、持久力を効率よく向上させることはできない。特異的なエクササイズが特異的な適応を引き出し、それによって特異的なトレーニング効果を創り出すのである (McArdle, Katch, & Katch 1981)。

　もしより高くそしてより遠くへ跳躍したいのであれば、高さや距離という尺度でジャンプ・トレーニングを構造化しなければならない。もしスピードを速くしたいのであれば、トレーニングにおいても目的とするスピードに見合った速度で運動を実施しなければならない。このように、プライオメトリクスやストレッチ-ショートニング・サイクルのトレーニングを特異的に実施する方法によって、パワフルな筋の反応を発達させる効果が得られるのである。そのためには、抵抗のレベルと時間のレベルだけでなく、空間のレベルにおいてもオーバーロードをかけていく必要がある。ストレッチ-ショートニング・サイクルのトレーニングによって獲得したいと思っている効果を得るためには、決められたレベルでの抵抗、スピード、そして空間(距離)を用いる必要がある。抵抗の大きさ、時間あるいはスピード、空間または距離という領域においてオーバーロードを考慮することが重要なのである。そしてプライオメトリクスのプログラムを計画するには、さらに頻度、強度、持続時間、そしてトレーニングの特異性をコントロールすることになる。

　以下の各章で、ストレッチ-ショートニング・サイクルを取り入れたトレーニング・プログラムを、なぜ、そしていかに採用し、適用し、評価していくかにかかわる戦略的な計画を解説する。第2章では、まずそのための準備について押さえ、第3章で戦術的情報を提供する。第4章と第5章で基本的なスキルを示し、第6章ではドリルの各スポーツ種目への適用と、12週間にわたるその実行計画を提示する。そして第7章で、長期的計画および短期から長期にわたるプログラミングの評価について考察する。

HIGH-POWERED Plyometrics

第2章
プライオメトリクスの
準備

> パフォーマンスの向上をめざしてトレーニング・プログラムを進めていく過程においては、常にそのプログラムの方向性、選手のフィットネス、そしてパフォーマンスの完成度を評価するための方法を把握しておく必要がある。ストレッチ−ショートニング・サイクルをうまく利用するために、プログラムの作成段階で評価する必要のある要素は、選手の年齢、フィットネス・レベル、プログラムの安全な実施法に関する選手の理解度、服装やシューズや器具、そしてエクササイズの進行段階の適宜性等々である。この章と次の章を読めば、これらについての適切な判断ができるようになるであろう。

1. 能力の評価

本書を手にしている読者自身にとって本格的なプライオメトリクスに取り組むことは本当によい選択と言えるだろうか？　プログラムの具体的な計画を練るよりも前に、注意深くこの高強度トレーニングを安全に行うためのさまざまな要因に対して検討する必要がある。もしあなたがコーチならば、選手の年齢、経験、健康、体力、筋力レベル、そして生得的特徴に関する状態を確認しておかなければならない。自分自身のコーチとしてあなたが自分のプログラムを立てる場合でも、少なくとも事前の評価に関しては厳しく検討する必要がある。ここで明確にすべきことは、適切な爆発的パワー・トレーニングの進行を阻害する可能性のある制限因子である。

(1) 年齢

歴年齢は重要な考察の対象である。カルメーロ・ボスコとパーボ・コーミ（Carmelo Bosco and Paavo Komi　1981）は、神経系および骨格系の成熟と未成熟がプライオメトリクスに対する耐性に影響することを示す研究を行った。例えば、まだ思春期を迎えていない児童は、プライオメトリクス、それも特に強度の高いものは行うべきではない。成長途上にある骨格系、すなわち骨端線における軟骨、関節表面、骨端部にある筋の付着部の発達に対して、プライオメトリクスの中の数種類のエクササイズは強度が強すぎて不適切である。

低年齢の子どもたちにとって高負荷のストレッチ−ショートニング・サイクルが不適切であるということは混乱を招くかもしれない。子どもたちは遊びやスポーツの中で、プライオメトリクスと同じかあるいはそれを上回る力にさらされているからである。しかしそれは自然な形で然るべき段階を踏む仕組みになっている。子どもたちは激しい遊びやスポーツによってもケガをしやすいが、それは限度を超えた過度な負荷を継続して反復することによって発生するケガの比ではない。

われわれは、将来のストレングス・トレーニングのための準備として、12歳から14

歳の子どもに対しても適切にプライオメトリクスを導入できると主張する。このことはヴァリク（Valik 1966）やマクファーレイン（McFarlane 1982）といった研究者たちによっても裏づけられてきた。とはいえ、青少年に対しては中強度のジャンプ・トレーニングにとどめておくべきである。第3章で示すガイドラインと第4章の例のうち、衝撃度が低く量の少ない初期段階のプログラムを使っていただきたい。思春期を過ぎるまでは、成人に対して生じるような爆発的筋力トレーニングに対する顕著な反応は生じないので、注意深いトレーニング・プログラムの処方が必要である。計画的かつ段階的にトレーニングを進めていくことによって、あらゆる側面についてできるだけ多くのことが獲得できるように配慮するべきである。それによって、子どもたちが十分成熟し成長を遂げるまでに、テクニック、コーディネーション、構造的な完成といった多くの利益を得ることができるのである。

　加齢に伴い、神経系の能力、筋肉と関節の適応性、そしてエネルギー産出能力は低下してくる。このことは、年齢の高い選手にとって、プライオメトリクスはあまり魅力のあるものではなくなるかもしれない。しかしながら、爆発的筋力低下の原因は自然の加齢によるものだけではないことを示す証拠もある。持久的トレーニングの増加、爆発的筋力トレーニングの欠落、生活スタイルもまた高齢者がどれだけ爆発的パワーを維持しているかに影響を与えるのである。中強度のストレッチ‐ショートニング・サイクルのトレーニングを適切な段階を踏んで継続的に実施することは高齢の選手においても効果的である。陸上競技やウエイト・リフティングなどの爆発的筋力を必要とするスポーツ種目のマスターズ大会への出場選手の間で、こうしたトレーニングを用いる人が増加している事実からもこのことは証明することができる。

　第3章と第4章で検討するように、あらかじめ選手の能力や適性を評価することによって、成熟しつつある選手に対しても、すでに成熟した選手に対してもうまく適合するようなトレーニングを組み立てていくことが可能となるのである。

(2) 身体的能力と健康上の制限

　トレーニングを行うことが可能かどうかだけでなく、なんらかの制限を加えるべきかどうかを判断するためには、さまざまな部位の身体的特性を検査する必要がある。「柔軟性」については、特に正しい足の動かし方にかかわる足関節や下腿の筋の柔軟性、正しい腰部のポジションや各関節での衝撃吸収にかかわる肩、股関節、脊柱の柔軟性に注目するべきである。「姿勢」については、特に体幹がうまく使えるかどうか、骨盤の傾斜、頸椎、胸椎、腰椎の位置をチェックする。身体の平衡、体幹の傾き、各関節のアライメントといった「バランス」も検査しなければならない。また、地面と接する位置にある足の「安定性」すなわち、しっかりしたスタンス、関節の緊張度、協調性のあるコントロールも評価する必要がある。

　過去の傷害も何らかの配慮をしなければならない制限因子となる可能性がある。膝、足、

あるいは肩の傷害歴に関して、関節の安定性とバランスをチェックする。第3章で紹介するように、プライオメトリクスはケガからのリハビリテーションにとっても有効なトレーニングである。背部や脊柱の健康上の問題は爆発的トレーニングにとっての制限となる。他の部位もそうであるが、これらの部位の大きな傷害は正しい着地を妨げ、さまざまな問題の原因となる。

(3) 一般的フィットネス

　全体的に良好なフィットネスレベルを維持することは、どんな種類のエクササイズを行う上でも重要である。このことは爆発的パワーのトレーニングにとっても例外ではない。医師に完全な身体的チェックをしてもらうことも有益である。常に適切な体重と身体組成を維持するべきである。また、数分間あるいはそれ以上にわたってエクササイズを継続できるだけの心臓血管系のフィットネスも必要である。さらに自分の体重をどの運動面と方向においても支えることのできる筋力およびさまざまな方向の可動範囲にわたって運動できる柔軟性もなくてはならない。

(4) 個人差—遺伝を受け入れること

　処方されたあるトレーニングに対してすべての選手が常に同じように反応するとは限らない。コーチは個人差に対して敏感でなければならず、選手も個人差を自己認識しなければならない。例えば、男性と女性という性差はトレーニングにおいてもパフォーマンスにおいても存在する。加えて個人の遺伝的特性はその人がトレーニングによってどの程度まで能力を向上させることができるかをかなりの割合で決定する。四肢の長さや筋線維タイプの割合はパフォーマンスに直接的な影響を与える。トレーニングによる向上と発達には一定の限界があることを認識する必要がある。プログラムを進めていく過程において、これらの遺伝的特性は選手の進歩の速さには影響するが、トレーニング処方の基本的デザインに影響を及ぼすものではない。

2. 経験の考慮

　ストレッチ-ショートニング・サイクルを用いたトレーニングを実施する際に、トレーニング歴あるいは経験レベルは、歴年齢よりもさらに重要である。例えば、競技者として何年かの経験を積んできた選手の中にも、これまで競技をするための特別なコンディショニング「トレーニング」をしたことがないという人がいる。そのスポーツ種目に対する優れた才能とひたむきな努力によって、高度なスキルを獲得してきてはいても、基礎的なトレーニングに関しては稚拙な低レベルにとどまっている比較的年齢の高い選手のコーチングをするのは珍しいことではない。

　もしこのような選手が、それに耐えられるだけの身体的構造が十分準備できていないまま、貧弱なテクニックと未発達な能力を用い

てエクササイズの量だけを増加させていくと非常に危険である。したがって、選手にどのようなテクニックの習得や能力の発達にむけた練習をおこなわせるべきかを、トレーニングの質にかんする評価（先述した姿勢、バランス、柔軟性、そして安定性）によって、現実的な視点からコーチが決断しなければならないのである。

3. 筋力評価

　スポーツ科学者たちによってこれまでにいくつかの興味深い問題が提起されている。それは、エクセントリック・トレーニングを行うのに必要な筋力と安定性、エクセントリック筋活動を特徴とするパフォーマンスに対する低速のアイソトニック筋力トレーニングの効果、そしてバリスティック（プライオメトリック）なトレーニングとアイソトニック・トレーニングの関係である。伝統的なウエイト・トレーニングが基本的な筋力を向上させるのに対して、プライオメトリクスは筋「パワー」を高める。近年、グレッグ・ウィルソン（Greg Wilson 1993）やその他の科学者らによって、ダイナミック・ウエイト・トレーニング（外的負荷をかけて行うストレッチ‐ショートニング・サイクルのエクササイズ）が機械的パワー出力を最大限に高めることが示された。

　プライオメトリクスを行うためには、選手の筋力レベルを継続的に評価することが大切である。筋力を評価する方法には次に示すようないくつかの種類がある。

- 絶対筋力又は最大筋力：これは体重とは無関係に測定される。
- 相対筋力：自己の体重に対する筋力比の最大レベルをいう。身体重心を地面から離れた遠くへ又は高く投射するために重要となる。
- 動的筋力：これにはエクセントリック収縮とコンセントリック収縮の両者が含まれ、その大きさは収縮のスピードによって変化する。（例えば、スクワットや反応ジャンプ等で使われる）。
- 弾性的筋力：連続的反応ジャンプやリバウンド・ジャンプなどで見られる高速で発揮される筋力で、弾性要素と収縮要素および反射的収縮を含んでいる。
- コア筋力：これまであまり論議されてこなかったが、最も基本的で重要な筋力かもしれない。

　コア筋力は身体の中心部分の筋力である。ここでは、体幹部もしくは胴体にあるさまざまな筋群と関節全体をコントロールする能力として定義することにする。これは、すべての運動平面におけるあらゆる方向への運動において、姿勢の安定性を保つために重要な働きをしている。コア筋力は他のすべての種類の筋力を構成する要素である。いかなる外的負荷に対する運動であっても、あるいはまたいかなるスピードの運動であっても、コアをコントロールする能力は運動の開始、維持、そして終了の局面に影響するのである（図2-1参照）。

　スタート筋力、最大筋力、爆発的筋力といっ

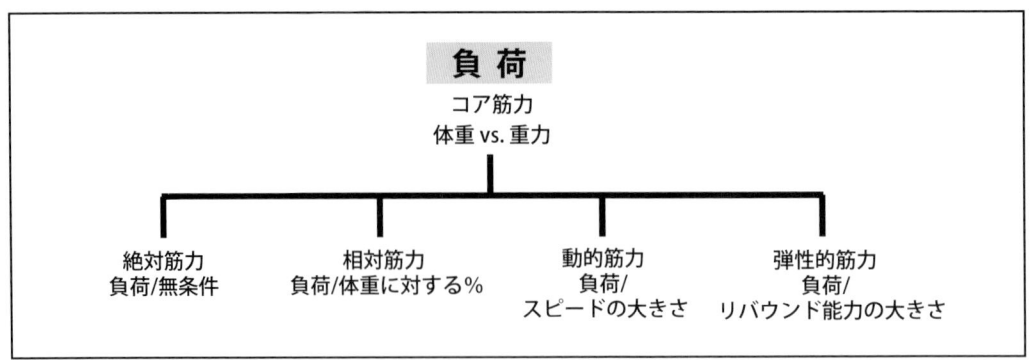

図 2-1　重力の作用に対する身体的適応

たさまざまな筋力特性を具体的に示し、評価することによって、スポーツ競技のパフォーマンスにとって不可欠なパワー特性に対して選手の注意を喚起することができる。すべての筋力特性は評価することが可能である。トレーニング・プログラムの段階的な目的や目標に応じて、それらの個々の特性に優先順位をつけたトレーニングをしていかなければならない。例えば、ある選手がバーベル・スクワットのテストにおいてすばらしい筋力を持っていることがわかったとしよう。しかしその選手が垂直跳びのテストでは大したことがないかもしれない。この場合おそらくこの選手のトレーニングにおいてスピードが欠けており、その結果として動的筋力が低いことが考えられる。もし彼が連続的な反動動作をうまくこなせないとすれば、このことはさらに明確となり、弾性的筋力が低レベルにあることを示すものとなる。ディトマール・シュミットブライヒャー（Dietmar Schmidtbleicher 1992）は、与えられた動作時間内にさまざまな内的および外的な負荷に打ち勝つためには、それらに対応した筋力の「立ち上がり速度」が必要になると示唆している。

4. エクササイズ目的の評価

ストレッチ－ショートニング・サイクルの特性を持つ運動は、ほとんどすべてのトレーニング領域で利用することができる。ウォーム・アップ、ウエイト・ルームのワークアウト、スピード・トレーニング、そしてアジリティー・トレーニングにおいても、この特性を持つエクササイズを取り入れることが可能である。時にはむしろストレッチ－ショートニング・サイクルの特性を持つエクササイズが主として実施され、他の運動が補助的になることさえある。

　少しでもより効率の高い運動を求めるならば、エクセントリック収縮とコンセントリック収縮の間の時間的ロスを最小限にすることがきわめて重要である。ここでは2種類の時間的遅延が生じる。1つの遅延は、筋収縮を起こすための信号が脳から発せられてから筋活動が開始するまでの時間、もう1つは筋の

電気的活動が生じてから筋における実際の張力が発生するまでの遅延時間（EMD）である。後者の遅延はコンセントリック収縮の時よりもエクセントリック収縮の時のほうが短くなる。筋の伸張に対する反応として力が生じる際には遅延時間が短くなるという事実は、ストレッチ－ショートニング・サイクルにおいて最短時間で最大の力が発生するというコンセプトを支持するものである。伸張－短縮というメカニズムは、筋がストレッチされる際の直列弾性要素（SEC）の作用によって、より大きな力を発生させるのである。このことは、SECに貯蔵される弾性エネルギーを利用することによってエクセントリック収縮の効率が改善される、と言い換えることができる。

ストレッチ－ショートニング・サイクルの特性を持つエクササイズに含まれるいくつかの要因を分析することによって、処方するエクササイズのタイミング、量、強度の決定がやりやすくなる。I.キング（I. King 1993）はこれらの要因を次のように説明している。
- エクセントリック活動の速さ。これは「償却局面」として知られている（ストレッチ）。
- コンセントリック活動の速さ。はね返り、あるいは「加重局面」（ショートニング）。
- エクセントリック筋活動の終了からコンセントリック筋活動の開始までの遅延時間。「切り替えし時間」として知られている。
- 場合によっては、外部抵抗の大きさ。

これらの要素が生じるのには約0.5秒程度しかかからない。このことはトレーニングについての考え方を変えるかもしれない（図2-2a～2-2dを参照）。素早い連続的なストレッチ－ショートニング・サイクル運動や強度の高い弾性や反動を利用したトレーニング方法は、外部抵抗に対して弾性や反動を使わずに素早く大きな力を発揮するスピード筋力トレーニング法とは区別する必要がある。さらに、ショック法とも区別する必要がある。シュミットブライヒャー（Scmidtbleicher 1992）は、この違いを、ストレッチ－ショートニング・サイクルのロングタイプとショートタイプとして区別し、0.25秒より長いか短いかでそれを判断している。図2-2の中で、ダウンと示された部分はストレッチすなわち伸張の時間にあたり、アップと示された部分はショートニングつまり短縮に該当する。これらは連続的に生じることもあり、切り替えしのための時間的遅れを伴うこともある。ここまではすべて接地(立脚)の部分である。問題は最大の遊脚時間を最小の接地（立脚）時間で獲得することができるかどうかである。

スィフとヴェルホシャンスキー（Siff & Verkhoshansky 1996）は、衝撃の大きな、強度の高い、そして筋力の立ち上がり速度の速いドリルを実施する時に、もし切り替えし時間が0.15秒より長ければ、そのエクササイズはデプス・ジャンプのような伝統的なショック法を特徴とするプライオメトリクスにはあたらないと指摘している。われわれの目的に照らせば、これらの時間をいかに測定するかということは重要ではない。むしろ、ひとつひとつのエクササイズの持つ特性の違いを理解することのほうが大切なのである。特に、大きな振幅のエクササイズを実施する際のバウンディングとホッピングの区別や、重力によるオーバーロードを用いる際に、よ

り高い所から落下するのかそれとも落下の際に体重の他にウエイトを付加するか、といったことが重要となるのである。

　コーチは、選手の接地時間や切り替えし時間を注意深く観察してパフォーマンスを評価することができる。そして接地時間の長さに基づいて負荷を調節することができる。高速で行われる運動中に何が生じているかを見極めるためには、姿勢、バランス、安定性、柔軟性についての理論的な理解と観察が必要となる。ストレッチ‐ショートニング・サイクルの改善は筋力の立ち上がり速度と神経筋協応の発達に大きく依存しているため、プライオメトリクスで用いるエクササイズのスタイル、漸進的適用、そして特異性を十分に考慮する必要がある。例えば、15kgから20kgの外的抵抗（サンドバッグやウエイト・ヴェスト等々）を負荷したスクワット・ジャンプ・トレーニングは、トレーニングのある局面やある時期には、長めの距離のバウンディングと同じように有効であろう。しかし、もしこれがスプリンターのトレーニングであるなら、この方法は専門的なパフォーマンスのためのニーズには適していない。より速いそしてもっと衝撃の大きな質の高い反復動作のための、もっと回数の少ないバウンディングやホッピング、あるいはショック・トレーニングを用いるべきである。

　反復時間を長くすること、外的抵抗を用いること、高所からの落下をトレーニングに取り入れるにあたっては、選手のスキルが十分に熟達するまで待つほうがよいであろう。質

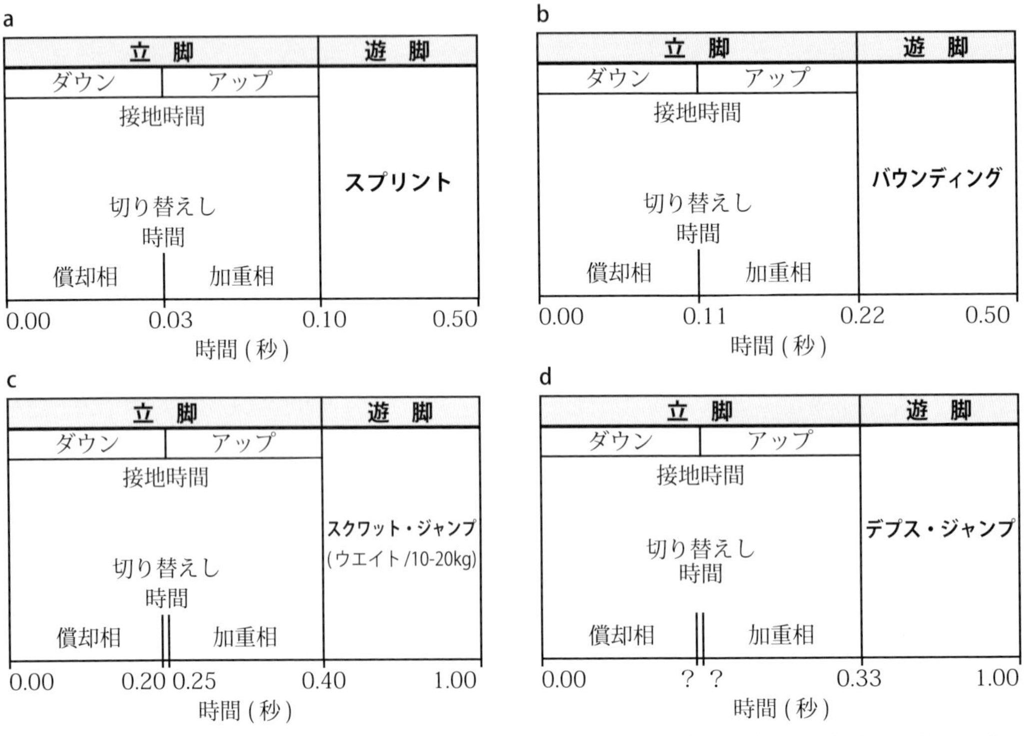

図2-2　(a) スプリント　(b) バウンディング　(c) スクワット・ジャンプ　(d) デプス・ジャンプ

を犠牲にして量を追求するような反復は避けなければならない。しかし、エクササイズのすべての種類とオーバーロードの連続体のすべての範囲を用いることによってストレッチ‐ショートニング・サイクルを完全に利用し尽くすことができる。個々のトレーニングの局面とそれらの局面におけるセッション毎の特別なトレーニング目的を明確にすることによって、トレーニングで主に用いるストレッチ‐ショートニング・サイクルが、連続体のどの部分にあたるのかが明確になるであろう。このための評価システムは第4章のストレスと複雑性の連続体の部分で例示する。

5. トレーニング器具の選定

ストレッチ‐ショートニング・サイクルのためのエクササイズはどこででも簡単に、ほとんどお金をかけずに実施することができる。家の庭、公園、廊下さらには寝室においてでさえプライオメトリクスを行うことは可能である。しかし、安全で効果的なトレーニングのためには、段階的トレーニング・プログラムを進めていくための最適な条件を選ぶことが不可欠となる。

(1) 施設

ワークアウトをする施設や場所をどこにしようかと考える時、自然というものはまさにエクセントリック・タイプのトレーニングのためにこそ存在するということに気づくであろう。われわれの経験では、弾力性に富むと同時にクッション性にも優れているという点では天然芝が最もよいということがわかっている。しかし濡れて泥だらけになっている芝や枯れて硬くなった芝生はよくない。クッションの効いた木製のフロアー、例えば体育館やエアロビクス・スタジオも導入期には使うことができる。あるいは舗装されてない土の上やオールウェザー・トラック、それにウエイト・ルームのラバー製の床も利用可能である。体操競技で使われている弾力性のあるマットはとても有効である。柔らかすぎて衝撃を吸収しすぎるマットは、反発力を伴う着地という目的にとって効果的ではない。したがって、われわれとしては、かつて推奨されていたレスリング・マットはお勧めできない。

(2) 道具

ここで紹介する道具に高価なものはない。ほとんどの材料が揃っている施設もあるだろう。以下に道具のリストをあげておくので、その中のどれをいかに選択するか、そしてどうやって入手するかは読者によって決めてもらいたい。

アングル・ボックス

アングル・ボックスは、金属製、アルミニウム製あるいは木製のフレームでできており、足をつく角度が斜めになるように作られた側方への運動で使用されるボックスである（図2-3参照）。正確な角度はさほど重要では

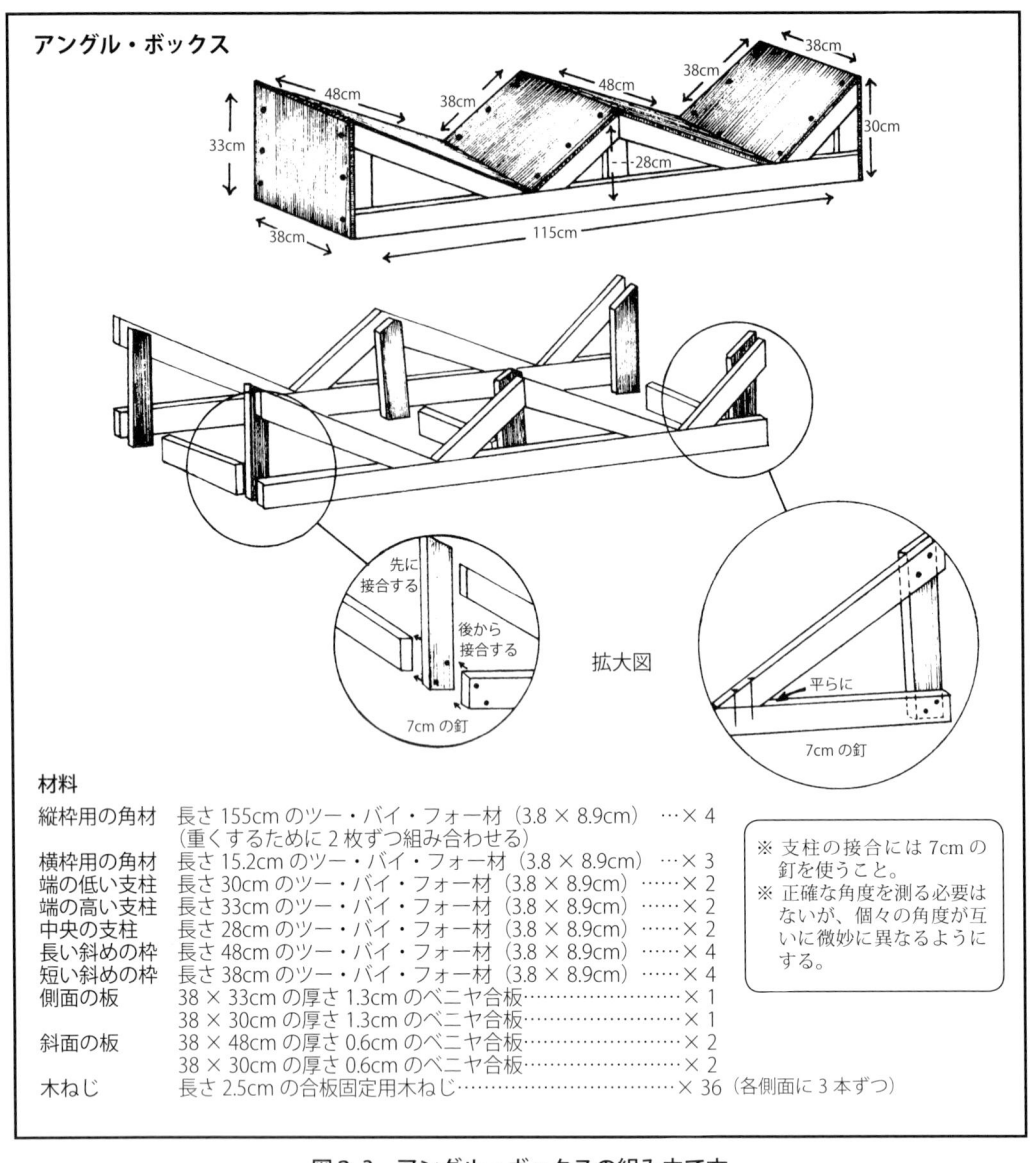

図2-3　アングル・ボックスの組み立て方

ないが、それぞれの角度が微妙に異なるようにすることは重要である。使っている最中にボックスが動かないように、ボックスの底の部分は十分重くするか、さもなければ固定する必要がある。板の部分は頑丈で耐久性があり、表面が滑らないようにする必要がある。

読者が自分で作れるように、サイズを示しておいたが、コンディショニング専門店の製品カタログから類似したデザインのものを購入することもできる。

アングル・ボード

アングル・ボードは金属、アルミニウムま

High-Powered Plyometrics

アングル・ボード

材料

後／底／横／上の板
30cm ×（※）の厚さ約1.3cmのベニヤ合板…× 5

木ネジ
長さ2.5cmの合板固定用木ねじ …× 27

※ 板の大きさは、組み立てたいボックスのサイズによって、高さと上部の長さが変わる。

ステップ1 — 2.5cmの木ねじ3本 — 後ろと底

ステップ2 — 2.5cmの木ねじ6本 — 横

ステップ3 — 2.5cmの木ねじ12本 — 上

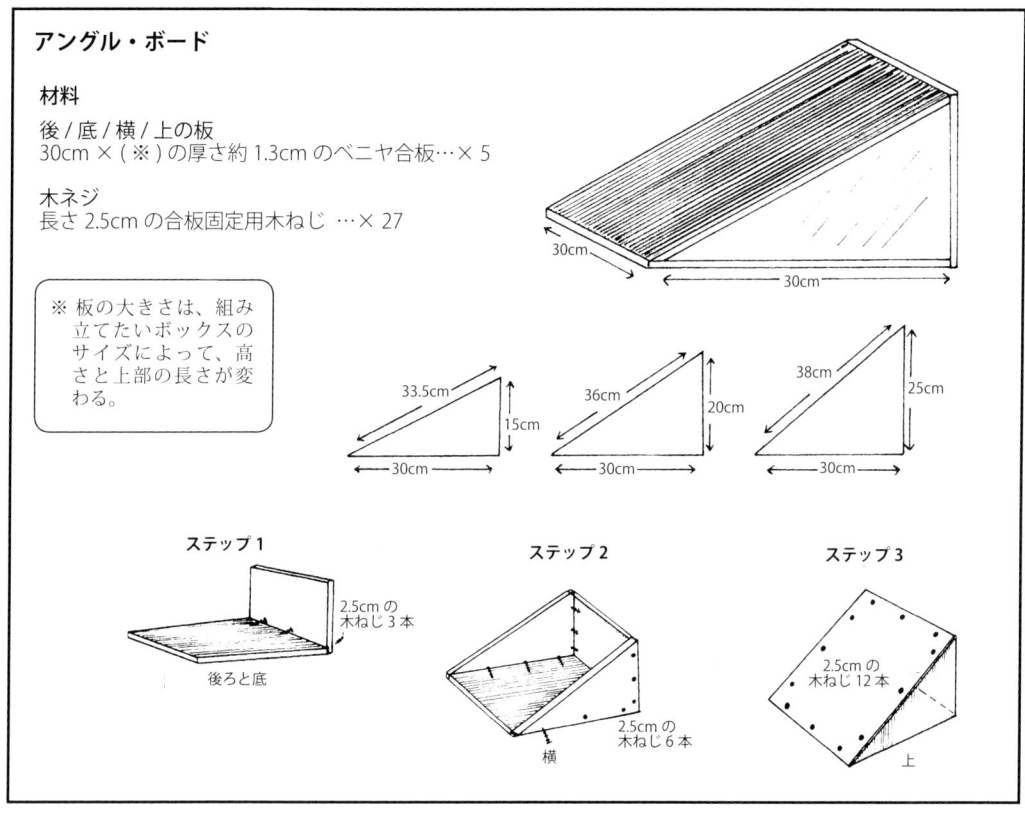

図2-4　アングル・ボードの組み立て方

たは硬い木製のフレームで板の部分は木かプラスチックできている（図2-4）。使いたい箱のサイズに応じて、高さや板の長さが違ってくる。標準のサイズは底の長さが30cmで高さは15cm、20cm、25cmの3種類である。

これも自分で作れるように、サイズを示しておいたが、コンディショニング関係の製品カタログから購入することもできるだろう。

バー

　長さ150～210cm、重さは4.5～22.5kgの範囲にあるバーを選ぶ。直径はオリンピック・スタイルのもので通常グリップ部2.5cm、スリーブ部5cmである。ウエイト・リフティング用のシャフトを購入するか、鉛製や鉄製のパイプ、PVC樹脂、あるいは木の丸棒で作ってもよい。

ボックス

　高さと幅が30cmのものから、高さが105cmのものまでさまざまなサイズのものを選ぶ（図2-5）。落下用、ジャンプ用、バウンド用に、長方形のボックスや積み重ね式のものなど、さまざまなサイズと形の組み合わせを利用することができる。木製か金属製の枠で組まれた箱を購入するか、自分で箱を作り、その上をカーペット、人工芝あるいは

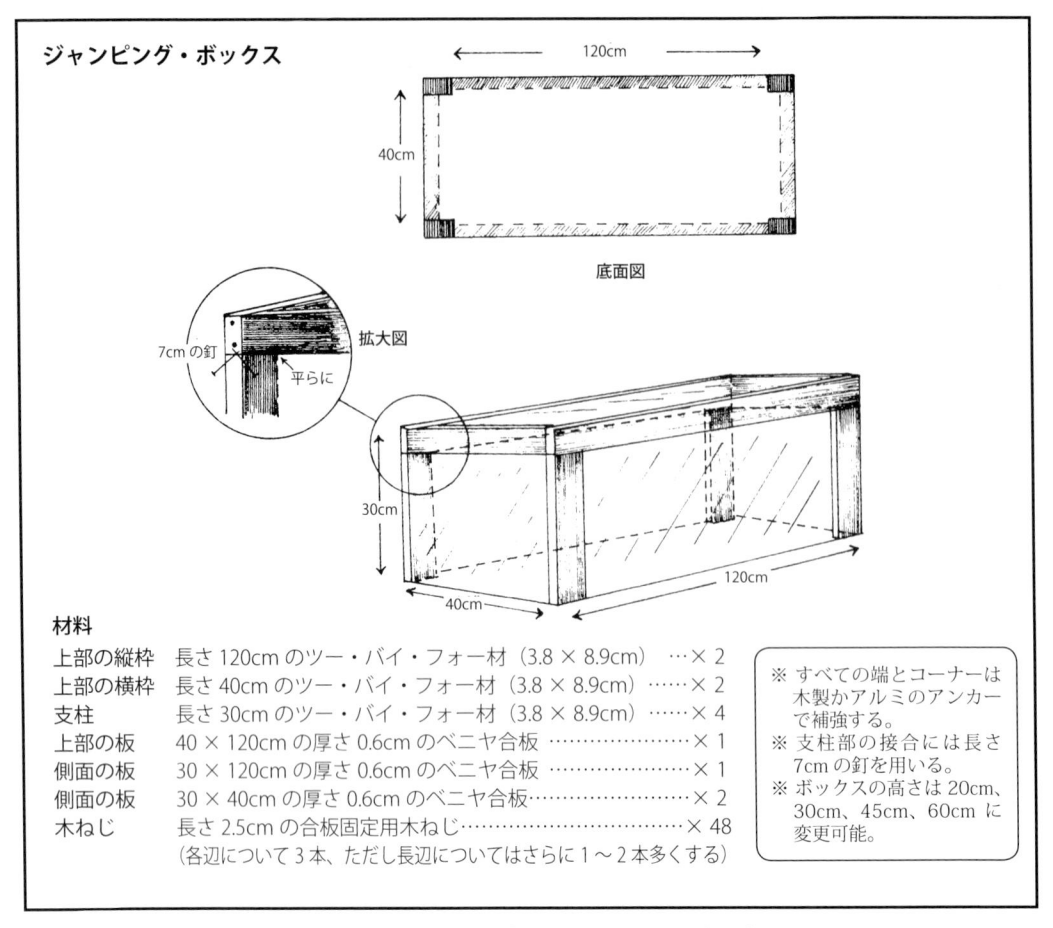

```
ジャンピング・ボックス
                    ←――― 120cm ―――→
                ┌──────────────────────┐
                │                      │
           40cm │                      │
                │                      │
                └──────────────────────┘
                         底面図

            拡大図
     7cm の釘    平らに

                                    30cm
                                         120cm
                              40cm
```

材料

上部の縦枠	長さ 120cm のツー・バイ・フォー材（3.8 × 8.9cm）……× 2
上部の横枠	長さ 40cm のツー・バイ・フォー材（3.8 × 8.9cm）……× 2
支柱	長さ 30cm のツー・バイ・フォー材（3.8 × 8.9cm）……× 4
上部の板	40 × 120cm の厚さ 0.6cm のベニヤ合板……………× 1
側面の板	30 × 120cm の厚さ 0.6cm のベニヤ合板……………× 1
側面の板	30 × 40cm の厚さ 0.6cm のベニヤ合板………………× 2
木ねじ	長さ 2.5cm の合板固定用木ねじ……………………× 48
	（各辺について 3 本、ただし長辺についてはさらに 1～2 本多くする）

※ すべての端とコーナーは木製かアルミのアンカーで補強する。
※ 支柱部の接合には長さ 7cm の釘を用いる。
※ ボックスの高さは 20cm、30cm、45cm、60cm に変更可能。

図2-5　ジャンピング・ボックスの組み立て方

滑らないラバーで覆うこともできる。

コーン

15～20cm、25～30cm、40～45cm、55～60cm の4種類のラバーかプラスチック製のものを選ぶ。スポーツ用品店のカタログから購入できる。ディスカウントショップでもよく扱っている。

ダンベル

4～18kg のダンベルを選ぶ。中空になっていないものがベストである。ダンベルは、ひとかたまりの材質から作ることもできるし溶接したりボルトで止めて作ることも可能である。ダンベルはスイングするために使うことはよくあるが、下に落とすことはあまりない。しかし高度な使い方としてダンベルを手からリリースすることもある。スポーツ用品店やウエイト関係の器具を扱っているショップから購入するとよいだろう。

サンドバッグ

サンドバッグも選ばなければならない。発泡性のラバーや砂や軟らかい材質の小球が組

み合わさってできており、キャンバスや丈夫なビニールで覆われている。円柱型のものとベル状のものがあり、重さは9～54kgの範囲で、ブロッキングのダミーやボクシング用として使われている。ボクシング用品を扱っているスポーツ用品店や体育、フットボール用品のカタログから買うことができる。大きな洗濯袋やキャリーバッグにタオルと鉄の小球か砂を詰めて自作することもできる。

ハードル

　アルミニウム、PVC樹脂、プラスチック、木もしくは金属製の、高さの調節が可能で、持ち運びやすいように軽量のハードルを選ぼう。30～90cmで高さの調節ができるようにするべきである。ハードルは陸上競技とコンディショニング関係のカタログから買うか、配管業や建築業あるいは中古家具屋のスクラップ置き場から材料を探してきて作ることもできる。

着地用ピット

　陸上競技場やコンディショニングのためのエリア以外にも着地用のピットを見つけることができる。地面や床を掘って砂やおがくずが入れてある場所や、それらを地表に盛り上げてあるところもある。

　ラバーフォームのパットやクッションを積み上げたところも利用できる。フォームのサイズは2.4～4.5m四方である。砂場は通常の走り幅跳びや三段跳びで用いるサイズのものから大きなものでは4.5m×27mの長方形のものまである。

　ラバーフォームのパットはスポーツ用品店、アウトドア用品店、家具修理のディスカウントショップで買うことができる。砂は石や砂利の採掘場や造園用品業者から手に入れることができる。

メディシン・ボール

　いろいろなサイズのゴムその他の弾力性のある材質でできたボールを揃えるのがベストである。もちろん皮革製のボールも、パートナーと一緒にトレーニングすることが可能ならば利用することができる。重さは片腕で用いる場合で1～2kg、全身のエクササイズで用いる場合で5～7kg程度が妥当である。

　カタログや卸売り業者を通じて製造元から買うのがベストであるが、自作も可能である。使い古しの遊戯用やスポーツ用のボールに古着を詰め込んで縫い合わせる。ビニールか溶かしたゴムに漬けて周りを覆うとさらによい。

階段

　つま先がステップの下に引っかかることがないように、表面が平らで一段一段の間に隙間のない階段を探そう。一段の高さは15～20cm以下で奥行きが20～30cm程度あり、少なくとも90cmの横幅のある階段を見つける。

　ちょうどよい階段がスタジアムや屋内の階段に見つからなければ、木やセメントで作ることもできる。

チューブ又はバンド

　加速動作の補助や跳躍高を漸増させて行うジャンプ・トレーニングのための安全な障害

物として弾力性のあるチューブを用いる。いろいろな長さと直径の、中心部が詰まっているラバー・コードを選ぶとよい。太くて固めのタイプをお勧めする。厚さ3〜20mmのものを揃える（パッケージに表示されている数字がチューブ全体の直径か、チューブの材質の厚みかを確認すること）。幅広タイプのラバーバンドのようにライト、ミディアム、ヘビーといった表示でバリエーションを表示していることもある。

　チューブやバンドの購入先は病院や薬品関係のショップやカタログ、あるいはコンディショニング用品のカタログからとなる。

(3) 服装

　爆発的パワーのトレーニングをするための特別な服装などはない。関節の動きを妨げたり制限したりしない限り、快適なスポーツ・トレーニング用の衣類なら、どんなものでもかまわない。

シューズ

　爆発的パワーのトレーニングをする際のシューズについてはかなり重視されきた。シューズの快適性、安定性そしてデザインは、特にトレーニングを継続して定期的に実施していくためには特に重要である。しかし主要な問題は着地時の足、足関節、下腿のポジションにある（第3章参照）。したがって、シューズの選択においてもこのテクニックの重要性が最も強調されるべきである。経験的そして臨床的な証拠から判断するなら、回内傾向を減少させ、過度な踵部の接地やその他の着地時の問題を最小限に食い止めるという点では、素足や薄いソールのシューズのほうが安全かつ信頼性があると言える。選手に対して正しいテクニックに対する注意を喚起しやすい床面や地面とシューズの組み合わせこそがわれわれの求めるものである。

ウエイトを負荷した装着物

　ウエイト・ベスト、ウエイト・ベルト、アンクル・ウエイトなどのウエイトを負荷した装着物の全種類については、臨床的にもそして実践的にも試してきたが、多くのものが良い結果を示した。しかし1種類のものを長期間にわたって使い続けることはお勧めできない。さらにプログラムを始めたばかりの時期や中級レベルではまだ使わないほうがよいだろう。トレーニングの進んだ高いレベルになって、腰がしっかりと入ったジャンプを行う上で、何が最もよい結果をもたらすかという観点から判断してもらいたい。サイズや形が最適で最も良くフィットし使用効率も高く、なおかつ腰がしっかりと入ったジャンプの実施と自己受容性の機能向上という最終目的を妨げないものなら、何でも使うことができる。

　多くのスポーツ用品店とコンディショニング関係機器のカタログから、ぴったりあったものを買うことができるだろう。

第3章
プライオメトリクスの テクニック

> プライオメトリクスを行う時には、他のストレッチ－ショートニング・サイクルを含むエクササイズやリハビリテーションのためのトレーニングを行う場合と全く同じように、効果的かつ効率よく、しかも安全に実行するためのガイドラインに従わなければならない。この章ではプライオメトリクスを正しいテクニックで行うためのトレーニングの基本について説明する。

1. ウォーム・アップとクール・ダウン

プライオメトリクスは姿勢、バランス、柔軟性、安定性、可動性のすべてに重点をおいて実施されるエクササイズである。したがって、トレーニングは常に適切なウォーム・アップに始まりクール・ダウンで締めくくるべきである。骨格筋系を活性化し準備するために、まず準備段階のウォーム・アップではジョギング、体操、ダイナミック（動的）・ストレッチングを行う（表3-1参照）。次に、スタティック（静的）・ストレッチングによって後で行うエクササイズに関与するすべての関節の筋と腱の柔軟性を高める。

一般的ウォーム・アップの後で専門的ウォーム・アップを行うことにより、さらに質の高いトレーニングを行う準備ができる（表3-1参照）。ここでは、テクニックを意識したランニング（前方、側方、後方）やリフティング（軽めのバーやスティックを用いて行うプル動作、プッシュ動作、スクワット動作）および次章で説明する踏み切り動作と投げる動作を徐々に強度を高めながら行う。

各セッションのメニューは短時間で完了し、なおかつ強度の高いものにすることが重要である。一度温まった骨格筋系が冷えてしまわないように、しかも強度の高い運動を実行するためのエネルギーが保持されるような適切な時間的配分がトレーニング・セッションをデザインする際に工夫されなければならない。

ウォーム・アップが終わった後も一旦上昇した深部体温を維持するようにすることが重要である。これは単に汗をかいているからとか気温が高いからということとは別問題である。ひとつの例をあげよう。ある選手が一定の時間をかけて適切なウォーム・アップを行ったとする。しかしその直後にベンチプレスのような横になって行うエクササイズや座って行うエクササイズをしたとしよう。たとえその強度が高くてもこのようなエクササイズを10～15分間も継続したならば、その次にスクワット、プル、ジャンプ系のエクササイズを実施しようと思ってもすでにその時には深部体温は低下してしまっているのである。選手がまだ暑いと感じており汗をかいていたとしても、ウォーム・アップで高めた身体深部の筋温が低下してしまっているから、このセッション・デザインは適切ではないということになる。プルやスクワットのエクササイズを行って暑いと感じていてもそれは脊柱や骨盤といった内部のことではなく表

面的なものでしかないのである。

　爆発的パワーを強調したセッションを管理するためのひとつの例としては、ここに載せた「ワークアウト進行表」を参考にするとよい。

　表3-1に示された第3の項目であるクール・ダウンは、ワークアウトの締めくくりとして、リラックスして、なおかつだらだらとではなく効率よく行おう。クール・ダウンを適切に行うことによって身体の回復を早めることができる。基本的な6項目によって優れたトレーニング・セッションが構成できるという信念のもとでわれわれのワークアウトは進行していく。すなわち、①ウォーミング・アップ、②ダイナミックな運動、③多関節動作による筋力トレーニング、④単関節をアイソレートした部分運動、⑤可動性を高める運動、⑥最後に回復を促進するためのクール・ダウンの6項目である。

ワークアウト進行表

①ウォーム・アップ
- 一般的（ジョグ、スキップ、ストレッチング等々）
- コア（腹部、下背部）
- 専門的（テクニックを強調した運動）

②ダイナミックな運動
- 爆発的動作（スナッチ、ジャンプ、スローイング、スタート等々）

③筋力トレーニング
- 高強度多関節動作（スクワット、ジャーク、負荷をつけたスプリント等々）

④部分的運動
- 横になって又は座って行う動作（ベンチプレス、プーリー等々）

⑤可動性運動
- 滑らかな全身動作（アジリティー、ストレッチング、リカバリー・ストライド等々）

⑥クール・ダウン

表 3-1　ウォーム・アップとクール・ダウンのための運動

準備段階	
[一般的]	
ウォーキング（かかとをお尻につけて、膝を胸につけて、マーチング） ランジ（フォワード・ランジ、サイド・ランジ、バック・ランジ） クロール（両手と両足を地面について歩く） ジョギング（楽にリラックスして短い歩幅で 25％くらいのスピードで） スキップ（大きく腕を振って） シャッフル（脚を交差させず横にサイドステップして、腕を体の前面で大きく振る） キャリオカ（フィギュアスケートのグレープバイン・ステップ、後方にステップ、横にステップ、腰を捻って前にステップ） バックワード・ラン（背筋を伸ばしリラックスして、後方への楽な幅広いストライドで） ステーショナリー・バイク（スピードと負荷は低めに） トレッドミル（軽い負荷を用いて複雑でない短時間の負荷パターンで） スライドボード（短い周期で行う左右へのスケーティング動作） 縄跳び（片足と両足のコンビネーションによる短い時間の簡単なもの）	
[動的柔軟性]	[静的 / アクティブ / ストレッチング]
首の回旋 肩まわし (腕は下に降ろしたまま) 肩関節のぶん回し運動（腕も伸ばして肩関節を大きく回す） 体幹の捻り 股関節の回旋 膝まわし 足首まわし レッグ・スイング（膝を伸ばして、曲げて、左右も行う）	肩と腕 背中 股関節 ハムストリングス 鼠径部 大腿四頭筋 下腿

技術的なフォームを意識したランニングとウエイト・リフティング		
[前進]		
マーチドリル（歩行、スキップ、加速のための"A"ドリルとスピードのための"B"ドリル）		
●ファースト・スキップ（地面を押すことと、ダイナミックな脚と股関節の動きを強調）		
●スライド・キック（踵を後ろではなく上に高く保持してリカバリーすることを強調）		
●リズムと歩調（片脚だけを用いたストライドのテクニック・ドリルと実際の走りを組み合わせて一定間隔で繰り返し行う）		
●ファースト・レッグ歩調（スプリントと片脚でのストライドのドリルをつなげて連続的に行う）		
[側方]		
シャッフル（幅の広い効率よいストライドで腰を低く構えてサイド・ステップする）		
スライド（素早い方向転換のために短いストライドによって横方向へスライドする）		
ラテラル・スキップ（腰を低く構えて横方向へ足を交差させずスキップする）		
キャリオカ（前方と後方に交互に股関節を回旋させてステップする）		
クロスオーバー・ラン（胴の上半分は横に向けたまままっすぐ走る）		
[後方]		
バックワード・ラン（前方に走るのと同じ姿勢で後ろに走る）		
バック・ペダル（低い腰の位置をキープしたまま、常に胴体の真下で短い歩幅のステップを踏む）		
バックワード・スキップ（バックペダルの姿勢でスキップする）		
バックワード・シャッフル（常に前を向いたまま、シャッフルで方向転換しながら後ろに下がる）		
バックワード・キック・スライド（後足で支えて前足を引きつけ、前足で蹴って後ろ足を後方へ押し出すという後方へのギャロップ）		
[プル]	[プッシュ]	[スクワット]
グッド・モーニング	ビハインド－ネック・プレス	オーバーヘッド・スクワット
スティッフドレッグ・デッドリフト	ミリタリー・プレス（前）	オーバーヘッド・ランジ
	オルタネーティング・プレス	45度またはサイド・ランジ
バー・ツイスト（ゆっくり）		
クール・ダウン（回復）		
[ストレッチング]	[ハイドロセラピー]	[栄養]
ジョッグとストレッチングの組み合わせ	温水と冷水によるシャワー・マッサージ	水分補給
アクティブ・アイソレーション	水風呂 / プール	炭水化物の補給
コントラクト－リラックス /パッシブ	アイス・バス	

2. 基礎を作る

トレーニングに参加する選手に適切な基礎ができているという確証が得られるまでは、12週間に及ぶような段階的プログラムをまだ開始してはいけない。基礎を作るために行うことは、まず一般的な筋力レベルへの到達、適切なエクササイズを選択するためのテストの実施、正しいテクニックの基礎を習得させるためのトレーニング、ケガの発生を未然に防ぐこと、そしてワークアウトからの疲労回復の方法を学ぶことである。

(1) ストレングス・トレーニング

プライオメトリクスを進めていく上で、筋力的基礎がしっかりしていることはそれだけで有利である。一般的な筋力トレーニングのプログラムは爆発的パワーの発達を妨げるためではなく、それをより完璧なものにするためにデザインするべきなのである。しかし、プライオメトリクスを導入する前に筋力の基礎を徹底的に鍛え上げておかなければならないというわけではない。多くの通俗的な書籍や記事のなかでプライオメトリクスに必要な筋力的基礎とされているものには、デプス・ジャンプやそれに類するショック法を行う前にはスクワットで自分の体重の1.5倍から2.0倍を挙げなければならないというものがある。この基準はかつて旧ソ連において推奨されていたものであり、確かにストレス連続体（エクササイズをストレスの強度によって連続的に配置した表）の右端のほうに位置する強度の高い種目を安全に実施するためには今日でも有効である。しかしながら、漸進的な基準に沿って進めていくその他のエクササイズを適切に実施しながらトレーニングの効果を上げていく際には、この基準を適用する必要はない。われわれの行った最近の研究では(Radcliffe and Ostering 1995)、スクワットの記録とデプス・ジャンプの能力との間に一定の関係が認められたが、その有意性は極めて低く、スクワットでどれだけの重さを持ち上げられるかということでジャンプのストレスに耐える能力を予測することは困難である。

(2) 継続的評価

トレーニングを開始する前に、姿勢、バランス、安定性、そして柔軟性のテストを実施する。図3-1に評価基準の一例をあげた。ここでは自分の体重だけで行うスクワットを利用する。上体を直立させたまま股関節と膝を屈曲させ、足裏全体を地面につけたまま足の中心でバランスをとらせる。この動き全体を通して相対的筋力がどれくらいあるかを評価する。ヴァーン・ギャンベタの研究(1989)は、初心者にとっては姿勢を安定させるための筋力が主要な問題であることを示しており、そのためのテストは簡単に実施できる。姿勢、バランス、安定性、および柔軟性をトレーニングの進行に合わせて継続的に評価することは、次のレベルに進んでいく計画を立てるのに必要な情報を得るためにも有効である。ま

図 3-1　相対的筋力を評価するための運動

た、これらの評価はストレッチ - ショートニング・サイクルを用いるあらゆるトレーニング動作（ウエイト・トレーニング、プライオメトリクス、スピード＆アジリティー・ドリル等々）にも役立つ。もし次のレベルに進むべきかどうか疑わしい場合には、基準を満たすまで現在のレベルにとどまるか、ひとつレベルを下げるとよい。そこからまた前進していけばよいのである。

垂直跳びテスト

反動を使った垂直跳びのテストはデプス・ジャンプのパフォーマンスを測定する方法として使われてきた。研究者はこの研究領域でいくつかの慣習的なテスト手順を用いてきた。ずいぶん前になるが、1974年、セルジオ・ザノンは次のようなテストの手順を示した。

「選手に脚を曲げた姿勢からのスタンディング・ジャンプを行わせ、目盛りのついたボードのできるだけ高い部分をタッチさせる（垂直跳びテスト）。これを3回実施して最高到達点を記録する。同じ方法で、今度は20cm、40cm、60cmの高さから順に落下してジャンプさせ（デプス・ジャンプ）その記録をとる。高さ0cm（先に実施したスタンディング・ジャンプ）の時の最高記録と比較して、落下後のジャンプによるほうが高く跳べる高さが、その時点でのその選手のトレーニングで用いるべき高さということになる。」

フランク・コステロ（Frank Costello 1984）の実践はこのコンセプトを支持している。選手の垂直跳びの記録と約45cmの台からのデプス・ジャンプの記録を比べると、より強い選手が落下後のジャンプで垂直跳びと同じ高さあるいはそれ以上に跳べるのに対して、弱い選手は数cmも低くなってしまうのである。

その他の基本的なテスト

パワーの評価におけるその有効性が確認されている基本的なテストの手順を第7章で説明する。それらのテストとは次のようなものである。

1. スタンディング − ランディング・ジャンプテスト
2. 垂直跳び
3. デプス・ジャンプ
4. メディシン・ボール・チェスト・パス
5. メディシン・ボール・オーバーヘッド・スロー（前方）
6. メディシン・ボール・オーバーヘッド・スロー（後方）
7. ジャンプ・デカスロン

基準となるデータやテスト結果の改善によるランキングの変化も第7章で確認することができる。それによってテストのスコアを解釈し、トレーニング・プログラムを個人にあったものにしていくことができるだろう。テストをトレーニングのある段階の最初に実施し、その段階のトレーニングが終了した時点で再び同じテストを実施することにより、トレーニングの強度や量が適切であったか少なすぎたか、それとも多すぎたかどうかを評価することができる。

選手と話し合ってトレーニング負荷の強度と量を評価することにより、進歩の度合いをモニターしながらトレーニングを調節していくための、より体系的で確実な基盤を築くことができるのである。この本でわれわれが行ったように、もし記録をつけ基準となるデータをお互いにシェアすることができれば、よりよりトレーニング処方をみんなで作り上げることができるだろう。

(3) 基本を忘れるな

この本を読んで自分でトレーニングしようと思っている選手であるか、それとも他の選手を指導しているコーチであるかにかかわらず、ストレッチ − ショートニング・サイクルとプライオメトリクスのトレーニング原則についてよく理解しておかなければならない。それにより、指導方法、学習方法、そしてテストの実施方法を自分自身でチェックすることができる。コーチとして、さらに複雑なトレーニングに進むための基本とそのチェックの方法について指導したいのであれば、以下に示すルールを選手に覚えさせる必要がある。

●トー・アップ・ルール：これは足関節を背屈して固定し、着地する時は足裏の中央から前の部分全体で接地するというものである。

●ニー・アップとヒップ・アップ・ルール：これにより、膝による最大の駆動と股関節の伸展や腰の入ったジャンプを促進する。

●ヒール・アップ・ルール：腰部からより遠くへ跳躍し身体を空中に投げ出す目的で、振り戻し脚の回転半径と振り出し速度を速くするために行う。

●サム・アップまたはブロッキング・ルール：上体の姿勢維持と力の継続的発揮のために実行するものである。

接地時における支持脚のエクセントリックからコンセントリックへの切り返しの間に大きな加速度が生み出されるようにこれらのルールを適用することは、力の伝達として知られている（Jacoby and Fraley 1995）。

指導をする際やワークアウトを実施する際には適切な段階を踏む必要がある。そのためのガイドラインをいくつか示しておく。種目

については次章で説明する。
- 下腿を中心としたエクササイズを最初に指導する（ポゴ、ギャロッピング、プランシング、アンクル・フリップ）。
- 下腿のエクササイズから脚全体による反動動作に移行する（スクワット・ジャンプ、スプリット・ジャンプ、シングルレッグ・ステアー・バウンド）。
- 最後に身体全体の反動動作に進む（ニータック・ジャンプ、バウンディング、ホッピング等々）。
- メディシン・ボールを用いたエクササイズでは、最初にパス、次にトスそしてスローイング動作に進む。その後に全身の捻り戻しを用いた多関節性の押し投げ、スウィングそして反復投げを行う。

リラックスすること、特に顔面と頸部をリラックスすることを選手に理解させる。それによってうまく姿勢をコントロールすることができる。正しい呼吸法を用いることも重要である。呼吸を正しく行うことで、姿勢が身体構造的にうまくサポートされエクササイズの実施も容易になる。
- 沈み込み時には息を吸う。
- ストレッチの局面では息を止める。
- ショートニング後に息を吐き出す。

ストレス連続体に沿った段階を踏んだ、指導、学習、コーチング、そしてトレーニングを進めるようにする（詳細は第4章と6章を参照のこと）。

クスにおいてもトレーニングの特異性は筋力や持久力のトレーニングと同じように重要である。一般的には、プライオメトリクスのエクササイズをスポーツのパワー動作やスキル特性に類似した振幅と強度で行うべきである。しかし、時にはオーバーロードのメカニズムとして、わざと時間的かつ空間的に誇張した動作で行うことも有効である。

衝撃を吸収しない（遅れのない）着地でジャンプを行うことにより、衝撃を吸収した（脚を曲げて着地することによって切り返し時間と接地時間が遅延する）着地よりも大きなパワーと力が生みだされる。降伏から克服への切り替え（図1-2参照）を素早くできる人は、それだけ反動動作においてより大きなパワーをより安全に発揮できることになる。

ほとんどのジャンプのエクササイズにおいては衝撃を吸収せずに行うべきである、というのがガイドラインとしては適切である。ストレッチ-ショートニング・サイクルのエクササイズのすべての進行段階で、着地においては常に能動的な張力を発揮することが強調されるべきである。踏み切り時の筋の準備状態に着地の方法がどのような影響を及ぼすかという臨床的・実践的証拠が提出されている。それによると、接地時間が短く衝撃を吸収しない高い張力での最適な衝撃力を得るためには、足が着地してからではなく着地する前に関節を曲げて伸張要素を緊張させておく必要がある（Bosco 1982）。

(4) 着地

第1章で述べたように、プライオメトリ

(5) 足の着き方

降伏と克服の局面において足を正しく着く

ことには本質的な重要性がある。できるだけ素早く足を離すためには着地する際に足関節をロックさせておかなければならない。踵からつま先へと足をローリングさせたり、足関節を中心とする運動を許してしまうと反応が遅くなり、克服局面で発揮すべき力が抜けたようになってしまう。最もよい着地の方法は、足関節を背屈させて体重が足裏の前半分にかかるよう意識しながら足裏全体の前 2/3 で着地するという方法である。

つま先や拇指球で着地するようにと指導すると選手は混乱する。このような着地はバランスを失わせ、加速を生み出すために行われる脚や足の特異的な運動とは異なった不適切なものだからである。実施するドリルと実行されるテクニックのレベルが上がるにつれて脚の再加速と地面をつかむ足指の引っかき動作が使えるようになる。それによって接地時間を最も短くすることができるようになるであろう。

(6) ブロッキングとサム・アップ・ルール

プライオメトリクスのすべてのジャンプ、ホップ、リープ、バウンド、スキップ、リカシェットにおいてはブロッキング（サム・アップ）・ルールに集中させる。これは、前上方向にパンチするような腕の動きを行う方法である。ブロッキングは腕の上方への動きを急激に止めることにより、上体の姿勢を維持し力を継続して発揮できるようにする。ホッピングやタッキングの動作に見られるように膝を急激に上方へ引き上げると肩が前に落ちる傾向があるが、両手の親指を上にして手を構え、強く上へ振り上げた腕を急激にブロックすることで、この肩が落ちる傾向に対抗することができ、上体を垂直に維持しバランスを取ることができる。さらに、この上体のブロッキング動作によって 10 〜 12 パーセントの力を供給することが可能となる。

(7) フォロー・スルー

フォロー・スルーは上体の筋群を使ったプライオメトリクスの動作において重要となる。力を最初から最後まで続けて加え続け、かつ動作を素早く行うよう強調する。メディシン・ボールのチェスト・パスやサンド・バッグの突き押しのような反復動作においては、押し出しの局面やキャッチの局面が完全伸展と完全屈曲の範囲よりも内側に収まるようにする。こうすることによって四肢や体幹の筋群が適切に伸張される（負荷がかかる）ことになり、より力強い反動を使った爆発的動作が可能となる。

3. エクセントリック・エクササイズのジレンマ

これまで、エクセントリックな運動は筋肉細胞と運動パフォーマンスに対してダメージを与えるとされてきた。高強度のエクセントリック・エクササイズは筋肉と結合組織に対して大きなストレスを与える。そのため遅発性の筋肉痛が起こりやすくなる。しかしながら、何人かのスポーツ科学者（Fritz and Stauber 1988, Frid'en 1984, Ebbeling and

Clarkson 1990など）は、結合組織と筋肉のダメージが重要な再生のプロセスと結びついているというデータを示している。筋収縮のエクセントリックな側面は遅発性筋肉痛に関係するひとつの要因である細胞内圧の上昇を引き起こすと考えられている。このことはプライオメトリクスを実施する人にとって重要な意味を持つ。なぜなら、これらのダメージのうちのいくつかは再生過程と結びついたポジティブな側面にもなり得るからである。このことを理解することにより、トレーニング、疲労、オーバー・ユース、そして回復についてより正確に評価できるようになる。

　ある種の筋機能については、コンセントリック収縮よりもエクセントリック収縮によって大きな変化がもたらされる。これらの変化は、最初のうちは機械的に生じる損傷によるものであるが、時間の経過と共にエクセントリックな負荷に対する化学的変化も生じてくる。この種の負荷は腱炎の発症とも関係している。カルヴィンとスタニッシュ (Curwin and Stanish 1984) によれば、エクセントリック収縮中の負荷が大きくなればなるほど、その運動に関与する関節の腱に対するストレスも大きくなる。

　パフォーマンスの向上とリハビリテーションのためにエクセントリック筋活動を用いるケースが増加しているが、最適で安全なトレーニング負荷についてはいくつかの疑問も提出されている。ストレッチ－ショートニング・サイクルあるいはエクセントリックな負荷を用いたエクササイズの適切な量と強度をどうやって決定するかについてのコンセンサスがまだ得られていないということは、指導者にとって大きな問題である。弾性的なストレッチ－ショートニング・サイクルのトレーニングを実施する際のエクササイズ・タイプ、持続時間、強度、量については今後も引き続いて検討していく必要があるが、過去15年間にわたって行われてきた研究と実践的な評価は、トレーニングを処方するための大きな根拠となる。第6章で示されるトレーニング・プログラムがいかに価値のあるものであるかと言う理由のひとつがここにある。

　エクセントリック活動は生理学的観点、適応の観点、そしてトレーニングの観点から見て特別な考察の対象である。なぜならエクセントリック筋収縮は衝撃を吸収するという他の筋活動とは異なる機能を持っているからである。エクセントリック活動だけを用いたトレーニングによって、筋力の発揮を抑制する活動を低下させるため、筋力の向上と筋機能の改善がもたらされる。このことはエクセントリックとコンセントリックのバランスをさらに吟味する必要性を示しており、それによってエクセントリックおよびストレッチ－ショートニング・サイクル・トレーニングの最適な使い方がより深く理解できるようになるのである（Stauber 1989）。

　筋線維や結合組織が連続的にダメージを受けると共に、それらがまた連続的に修復され適応していくこと、これが、エクセントリック筋活動の反復による長期的なトレーニング効果である。こうしたエクササイズからの回復は通常ゆっくりとした過程で生じる。完全な回復にはおそらく1週間から10日はかかるだろう。特に選手がふだんあまり行わないようなエクセントリック活動を行った場合は

長くかかる傾向がある。その一方で、エクセントリック・エクササイズを続けて行うと、回復や修復によって完全にもとの状態に戻る前に適応が生じる。連続的な長期間のエクセントリック張力は筋線維の構造を再組織化し再調節し、その結果よりストレッチされやすく機械的なダメージを受けにくくなるのである。このように、エクセントリック収縮を伴うヘビーなエクササイズの結果には微妙な矛盾が存在することになる。つまり、パワーが改善されるという有益な適応がおこる一方で、筋線維の損傷や微細な断裂という問題が存在するということである。このようにプライオメトリクスによるオーバーロードは有害となる可能性がある一方で、もしうまく適応するとすばらしい成果を生み出すのである。この問題をうまく処理するための一般的な指標として、活動－休息比がある。これについては本章の中で後ほど詳しく説明する。

エクセントリックな負荷に関する考察は、筋の予備伸張エクササイズおよび着地前の姿勢と関連付けて行う必要がある。エクセントリック負荷に対抗する運動機能の治療やリハビリテーションにおける主要なポイントは、エクセントリック筋活動中の筋に対する負担を弱めるテクニックの指導にある。このことはうまく力を発揮するために主動筋を伸張させるエクササイズを用いることと、エクセントリック運動における姿勢コントロールの重要性を意味する。動的な力を増強するために主動筋を伸張させる中枢性の運動制御システムであると考えられている運動前サイレント・ピリオドの効果は、動的でバリスティックな運動に対しては力を弱めるように作用するものと思われる（Aoki, Tsukahara, and Yabe 1989）。ストレッチ－ショートニング・サイクルのさまざまなトレーニングの局面とリハビリテーションの局面は同じコンセプトを用いて進めていくことができる。

リハビリテーションの期間においてはゆっくりとコントロールされたエクセントリック動作から始めて、エクセントリック活動によって運動をストップすることが可能なより高速の動作にまで発展させていくことになる。例としてジャンプのトレーニングを取り上げてみよう。ここでは着地のテクニックが主要な問題となる。いかにうまく着地できるかということが、いかにうまく踏み切れるかを決定する。適切な着地前姿勢を取ることにより、着地衝撃を利用して、運動の推進力を生み出す切り替えを行うことが、トレーニングの最終的な特徴となる。

ビギナーはその場ジャンプのような中強度のドリルでかつ両脚で行うドリルから開始するべきである。筋力と爆発的パワーがついてきた段階でレベルを上げて強度と複雑性を増していくことができる。

4. 漸進的オーバーロード

プライオメトリクスのプログラムには、抵抗面、空間面、時間面でのオーバーロードが含まれていなければならない。オーバーロードによって神経－筋系はより強い強度で活動

することを強いられる。プログラムの作成に
おいては、高さ、距離、外的な負荷や力（あ
るいは両方）とそれらの量を調節することに
よって、適切なオーバーロードが処方される。
不適切なオーバーロードはエクササイズの効
率を下げ、ケガの原因にさえなりかねない。
また、プライオメトリクス動作における抵抗
的オーバーロードの必要量を超えるウエイト
を用いると、筋力を増加させることはできる
かも知れないが、必要とされる爆発的パワー
は向上しない。ほとんどすべてのプライオ
メトリクスにおける抵抗面でのオーバーロー
ドは、メディシン・ボールやダンベルといった
軽量のウエイト物を保持することによって、
運動量（質量×速度）と重力の形態で負荷さ
れている。この概念については本章で後ほど
詳しく扱う。

(1) 量

ストレッチ－ショートニング・サイクルの
トレーニングにおけるセット数と１セットあ
たりの反復回数は、一般的にはエクササイズ
のタイプ、複雑性、および強度と関係してい
る。セット数と反復回数はまた、最初の段階、
進歩の状況、すでに到達した発達段階によっ
て変化させるべきである。反復回数は通常８
～ 12 回の範囲だが、踏み切り動作と着地動
作が複雑なものでは反復回数は少なくなり、
逆にストレスの低いエクササイズでは多くな
る。セット数は状況に応じて変化する。東ヨー
ロッパのスポーツ科学者は、ほとんどのエク
ササイズについて６～ 10 セットと言ってい
たが、旧ソビエトのスポーツ科学者は特に強
度の高いジャンプ系のドリルについては３
～６セットを推奨していた。われわれは、
ストレスとエクササイズの複雑性の観点から
示した漸進的発達段階の中で読者自身が適切
な量を計画することが重要であると考える（図
3-2 参照）。

1970 年代に旧ソ連の科学者であったヴェル
ホシャンスキーとタチヤン（Verkhoshansky
and Tatyan 1973）は、スピード－筋力トレー
ニングの量を多くすることにより、実施順序の
違いによる効果には有意な差が生じないこと
を示した。このタイプのトレーニングは、実
施されるスピード－筋力のトレーニングがそ
の時の選手の身体機能に適合している場合に
最も効果的なものとなるのである。反復回数
は、ドリルの強度だけではなく、時には選手
のコンディション、一回ごとの実施方法、そ
してそのドリルを実施することで得られるト
レーニング効果の持つ価値によっても決まる。

(2) １回反応ドリルと複数反応ドリル

ほとんどのストレッチ－ショートニング・
サイクルのドリルは２つのカテゴリーのう
ちのどちらか一方に入る。そのカテゴリーと
は、１回反応ドリル（SR）と複数反応ドリル
（MR）である。１回反応ドリルとは、１回の
強い運動を意味する。踏み切りからの最初の
爆発的運動と跳躍（またはリリース）がそれ
にあたる。複数反応ドリルというのは、これ
も強い運動には違いないが、連続した複数回
の動作が行われ、弾性、スピード、コーディ
ネーションに強調点が置かれる。真のプライ
オメトリクスの主たる目的のひとつは連続的

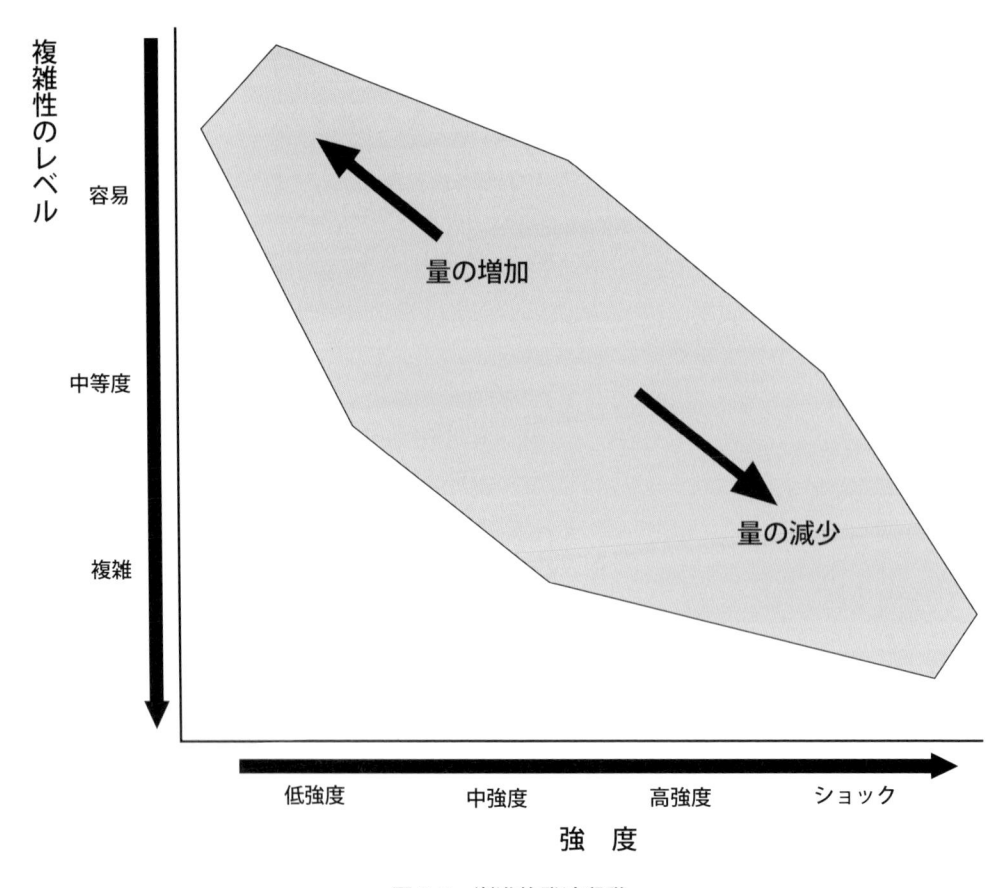

図の縦軸：複雑性のレベル（容易、中等度、複雑）
図の横軸：強度（低強度、中強度、高強度、ショック）
図中矢印：量の増加、量の減少

図3-2　漸進的発達段階

な高い衝撃による着地と踏み切りを完成させることである。ストレッチ-ショートニング・サイクルとプライオメトリクスの発達段階におけるより高いレベルにうまく進んでいくためには、この2つの反応タイプのどちらも利用しなければならない。さらによい方法として、小休止（ポーズ）つきの複数反応ドリルと呼ばれる第3のタイプを用いることができる。これはトレーニングにおけるテクニックの指導段階で利用するものである。

指導と学習を進めていく場面で、まず1回反応ドリルを実施させ、完全な自己評価を行わせて、姿勢、バランス、安定性、柔軟性をひとつひとつの踏み切りと着地ごとに正しい方法にセットし直す。動作がうまくできるようになれば、セットし直すことなく1回反応ドリルを実行することが可能となる。その場合は、踏み切り、着地、ポーズ、チェックというサイクルを繰り返していく。したがって、セットし直すという時間がいらないから、そのドリルは連続的な反復のセットになる。ただしまだ1回毎のポーズは入れるようにする。連続してうまくできるようになれば複数反応の繰り返しという次の段階に

入っていく。

　これらの反復ドリルを実行することで、神経－筋の反応を改善し、爆発性とクイックネスそして特定の方向に力を作用させる能力を改善することができるようになる。選手はうまく実行できる反復回数からしか利益を得ることはできない。もしある選手がホップ、バウンド、あるいはスローを8回正確に実行することはできても、それ以上の回数をやろうとすると疲労のため正確に実行できないのであれば、8回で十分なのである。このトレーニングの弾性的反応性という性質により、全力で行わない不適切な動作からはほとんど何も得ることはできない。何人かのコーチと研究者が量の多いドリルとエクササイズを用いて持久的弾性の効率について研究してきた。しかし、それらのエクササイズの特性はロー・インパクトで強度も弱く動作の複雑性も低いものであった。本章で示したトレーニング段階の基本的なガイドラインの部分を参照してもらえば、トレーニングは量ではなく質であることに気付くだろう。

　以下の章で推奨するセット数、反復回数、休息時間はわれわれのプライオメトリクスの指導経験とコーチング経験に基づいたものである。対象は中学生、高校生、大学生、プロ選手、さらにはエリート・レベルにおよぶ。また特定のドリルに関する研究文献にも依拠している。しかし、これらの数値は絶対的なものではなく一般的な基準に過ぎない。そこから開始して結果を評価し次の段階へ進んでいってもらいたい。最適なトレーニング目標を達成するために客観的な範囲内で値を調整するとよい。プライオメトリクスの量の問題は、現時点ではまだ厳密な科学的根拠があるとは言い切れない。この分野でのより一層の研究が待たれている。

(3) 高強度

　強度は2つの方法で表すことができる。どちらの方法もストレッチ－ショートニング・サイクルのトレーニングにとって重要である。ひとつの方法は衝突時の力を問題とする。この方法については後ほど詳しく説明する。強度を表すためのもうひとつの方法はドリルを実施している際の努力感のレベルによるものである。ウォーム・アップとからだ慣らしのためのエクササイズが終わったならば、最大限のトレーニング効果を上げるためには最大努力で素早い動作を実行しなければならない。筋がストレッチされる速度のほうがストレッチの範囲よりも重要である。筋に対する負荷が急速にかかる時、より大きな反射的な反応を引き出すことができるのである。トレーニング段階のレベルとは関係なく、腰、胴体、四肢、あるいは投擲物の射出に対して常に最大の努力を費やさなければならない。衝突の激しさが緩和されたり、複雑性が低下したり、あるいは滞空時間が減少することは、指示されたテクニックとエクササイズ段階それ自体の特性によって処方されるのであって、決して主観的な努力の低下によるものであってはならない。どのエクササイズも強く実施しなければならない。したがって連続的なエクササイズの間には上手に休息を取ることが重要となる。

5. 力の最大化と時間の最小化

　プライオメトリクスにとっては運動の力と速度の両者が重要である。多くの場合は、動作を実行するスピードが決定的に重要となる。例えば砲丸投げにおける主要な目的は最大の力を投擲の動作全体を通して発揮することである。一連の運動系列を素早く実行すればそれだけ大きな力に到達することができ、良い記録を達成することができる。第1章で確認したように運動の力積が鍵となる。ストレッチ－ショートニング・サイクルのトレーニングとプライオメトリクスの効果とされてきたものを真に引き出すためには、実施される運動が大きな力積を伴うものでなければならない。もし、運動の力積が測定できるならば、トレーニングとパフォーマンスの効率をさらに高めることが可能となるかもしれない。

6. 休 息

　ストレッチ－ショートニング・サイクルのエクササイズによる神経－筋系のストレスが回復するのに必要な休息時間は通常1分～2分で十分である。必要な休息時間は、ストレス尺度のどこにそのエクササイズが位置づいているかによってその大部分が決まる。衝撃力が小さい着地やキャッチング・エクササイズ（メディシン・ボール、サンドバッグ）では30～60秒という短い休息時間で十分だろう。この時間は歩いて元の場所に戻ったりパートナーやグループを交代したりするのにちょうどよい長さである。最もストレスの強いショック法のエクササイズを反復する時には、2～3分程度もしくはそれ以上の休息時間が必要かもしれない。それによって全力でエクササイズを実行するのに必要な筋力発揮とコントロールが可能となり、そのためのエネルギー・システムが利用できるようになる。トレーニング日の間に適切な休息期間を設けることは筋、靭帯、そして腱を回復させるために重要である。

　ほとんどのコーチが推奨しているプライオメトリクスの頻度は週に2～3回であり、これによって最大の効果が得られているように思われる。考慮する必要があるのは、全体としてのトレーニング負荷の大きさ、スポーツの専門的な活動のタイプ、そして頻度と強度の間の反比例関係である。

　よく知られたプライオメトリクスの専門家（Gambetta et al. 1986）は、ワークアウト計画を立てる際の主要なガイドラインとして、トレーニング日に着目するべきであるとしている。もし、プライオメトリクスを他のリフティング、スプリンティング、あるいは投擲動作のトレーニングと全く同じ日に行うのなら、それらの優先順位を決めなければならない。トレーニングの目標が弾性的筋力の効率を高めることにあるのならば、プライオメトリクスの量を多くし、その日のワークアウトの最初に、つまり相対的筋力や動的筋力のトレーニングを行うよりも前に持ってくるようにする。もし弾性的筋力の効率を高めるという目

標の優先順位が、スピードや筋力を高めるという目標より低いのならば、プライオメトリクスはそれらのトレーニングの後に持ってきて、トレーニング量もそれに応じて調整すればよいのである。さらに、トレーニングのミクロサイクル(週)内においては、さまざまな異なる筋力様式の存在にも注意する必要がある(例えば動的筋力と絶対筋力)。弾性的筋力のワークアウトをどこに置くかということもそれによって決まってくる。表3-2にうまく時間を節約するための週間ワークアウト例を示しておいた。

表3-2　1週間のワークアウト・スケジュールの例

日曜	月曜	火曜	水曜	木曜	金曜	土曜
準 備 期							
[例1] 休養	ウォーム・アップ テクニック 筋力 スピード持久力 クール・ダウン	ウォーム・アップ テクニック 弾性 スピード クール・ダウン	ウォーム・アップ テクニック 筋力 クール・ダウン	ウォーム・アップ テクニック 弾性 スピード クール・ダウン	ウォーム・アップ テクニック 筋力 スピード持久力 クール・ダウン	積極的休養
[例2] 休養	ウォーム・アップ テクニック 筋力 スピード 弾性 クール・ダウン	ウォーム・アップ テクニック クール・ダウン	ウォーム・アップ スピード持久力 クール・ダウン	ウォーム・アップ テクニック 筋力 スピード 弾性 クール・ダウン	ウォーム・アップ テクニック 筋力 クール・ダウン	積極的休養
[例3] 休養	ウォーム・アップ テクニック 筋力 スピード持久力 クール・ダウン	ウォーム・アップ テクニック スピード 弾性 クール・ダウン	ウォーム・アップ テクニック 筋力 クール・ダウン	積極的休養	ウォーム・アップ テクニック 弾性 筋力 スピード クール・ダウン	ウォーム・アップ テクニック スピード持久力 クール・ダウン
[例4] ウォーム・アップ テクニック スピード持久力 クール・ダウン	ウォーム・アップ テクニック 弾性 筋力 スピード クール・ダウン	積極的休養	ウォーム・アップ テクニック 筋力 クール・ダウン	ウォーム・アップ テクニック スピード 弾性 クール・ダウン	ウォーム・アップ テクニック 筋力 スピード持久力 クール・ダウン	休養
試 合 期							
[例1] 休養	ウォーム・アップ テクニック 弾性 筋力 クール・ダウン	ウォーム・アップ テクニック スピード クール・ダウン	ウォーム・アップ テクニック 筋力 弾性	ウォーム・アップ テクニック 筋力 スピード クール・ダウン	ウォーム・アップ テクニック 試合前日の特別 　トレーニング クール・ダウン	試合日
[例2] 休養	ウォーム・アップ テクニック 筋力 スピード持久力 クール・ダウン	ウォーム・アップ テクニック スピード 弾性	ウォーム・アップ テクニック スピード 筋力 クール・ダウン	ウォーム・アップ テクニック 試合前日の特別 　トレーニング クール・ダウン	試合日	ウォーム・アップ テクニック 筋力 クール・ダウン

7. コンプレックス・トレーニング

　筋力のためのワークアウトと弾性的筋力のためのワークアウトを同じ日に実施する場合に、時間と施設を効率よく使うためのひとつの方法が筋力、スピード、そして弾性の「コンプレックス法」である。本書で用いるコンプレックスという言葉の定義は、2種類の異なるエクササイズ種目をそれぞれセット法で行い、それらのセットを交互に行うというものである。その意味では、ひとつのエクササイズのレペティションともうひとつ別のエクササイズのレペティションを交互に実施する「コンビネーション法」とは異なる。例えば、3レペティションのクリーン＆ジャークを1セット行うというのはコンビネーションである。つまり、クリーンを1回行い、引き続いてジャークを1回行う、これを数回繰り返すことになる。これに対して、もしクリーンを3回やった後でジャークを3回行えばコンプレックス・エクササイズになる。

　コンプレックス・トレーニング法では、運動パターンの類似した2種類のエクササイズで、そのうちのひとつが絶対筋力や相対筋力（スピードが要因となっていない）のカテゴリーに属するものと、もうひとつが弾性的筋力のカテゴリーに属する（スピードと反応性の能力が要因となっている）ものを組み合わせることもできる。これらの筋力に関連する用語の定義に関しては第2章を参照してもらいたい。これまでに成功した絶対的筋力と弾性的筋力（ウエイト・トレーニングとプライオメトリクス）のコンプレックスの例としては、スクワットとジャンプの組み合わせ、プレスとパスの組み合わせ、プルとトス又はスローの組み合わせ、そしてランジとバウンディング又はスキッピングの組合せがある。

● バーベル・バック・スクワットとスクワット・ジャンプ5×4：バーベル・バック・スクワットを5回行い、直ちにスクワット・ジャンプを4回行って休息を取る。バーベルのウエイトを増加してこれを3セット以上実施する。最終的にはスクワット・ジャンプをする時に軽めのウエイト（10kg程度の砂袋等々）を負荷することができる。最初は体重だけでやること。

● インクライン・プレスまたはベンチ・プレスと高さを目標としたメディシン・ボールのチェスト・パス5×5：最初に5回のインクライン・プレスを1セット行い、その直後に3kg～7kgのメディシン・ボール・チェスト・パスを5回行って休息する。強度を高めるために必要ならバーベルの重量を増やす。メディシン・ボールの重さは増加させない。

8. トレーニング・プログラムの個別化

　最善の結果を追及していく過程で、プライオメトリクスのプログラムをひとりひとりに最も適合したものにする必要性に迫られるはずである。その場合、トレーニングを行おう

としている選手を評価するために、いくつかの基本的なエクササイズを行わせて選手の動きを観察するとよい。それによって個々の選手に何ができるか、そしてどれくらいの早さで進歩していくかについてイメージできるだろう。最適なトレーニング負荷について継続的な研究が蓄積されてきているにもかかわらず、他の多くのスポーツ・トレーニング分野と同様に、ストレッチ－ショートニング・サイクルのトレーニング・プログラムの個別化も科学というよりむしろ芸術である。

オーバーロードの強度と量はここでも決定的に重要な2つの変数である。トレーニングの目的が異なるとエクササイズの最適な強度と量のオーバーロードも変わってくる。まだ多くのコーチが、ある種のプライオメトリクスのトレーニングをするためには体重の1.5倍～2倍のスクワットができなければならないと選手に指導しているが、すでに述べたように、これはストレッチ－ショートニング・サイクルのストレス段階におけるすべてのエクササイズに当てはまるものではなく、また誰にとっても適切なものというわけではない。後でまた説明するが、トレーニングの個別化は、進歩の度合いと評価のための簡単なテストを実施することによって進めていくことができる。ただ、これらのテストはまだ科学的研究のデータによって確実に証明されたわけではない。

十分な証拠が蓄積されているひとつの注目すべき分野はデプス・ジャンプ・エクササイズに関する領域である。ボスコとコーミ（Bosco and Komi 1979,1981）とヴェルホシャンスキー（Verkhoshansky 1967）はデプス・ジャンプを行う最適な高さを研究し、74cmからの落下が最もスピードを発達させることを見出した。これとは対照的に109cmの高さからの落下では動的な筋力が高まることもわかった。109cmよりも高くなると、地面への落下の力を吸収するために、使われる時間とエネルギーがこのショック法の目的達成を妨げてしまう。

30年以上前にヴェルホシャンスキーは、エクセントリックな負荷をかけるためのひとつのエクササイズとして、デプス・ジャンプの有用性を初めて主張した。彼が研究したのは、高所から跳び降りた直後の踏み切りにおける神経－筋の反応能力を高めるためのショック法であった。そしてアイソトニック・ウエイト・トレーニングではランニングのスピードやジャンプの踏切りはわずかしか改善されないことが明らかにされた。彼によると、「ウエイト・トレーニングあるいはストレングス・トレーニングとスピードのためのジャンプ・トレーニングの間のギャップを埋めるための最も有効な手段はデプス・ジャンプであり、落下後の踏み切りは神経－筋装置の反応能力を改善するための先導的役割を有する方法である」（Verkhoshansky 1968）。

ボスコとコーミ（Bosco and Komi 1982）は、彼らがバウンス・トレーニングと呼んだドロップ・ジャンプによってジャンプ力とストレッチ負荷に対する耐性が増大すると報告した。デプス・ジャンプによる衝撃に対する選手の動作行動を研究したボバートやその他の研究者（Bobbert et al. 1986; Bobbert, Huiling, and Ingen Schenau 1987a,b）は、ドロップ・ジャンプとカウンタームーブメント・ジャンプで

使われるテクニックとその衝撃力を分析することによって、ドロップ・ジャンプにおいては踵を地面につけなくてもよい落下の高さを選ぶことを推奨した。着地は足の前半分に体重がかかるようにして行うべきである。なぜなら足裏をフラットにして着地するとアキレス腱を痛める可能性があるからである。

エクセントリック・トレーニングが導入された1960年代には75～115cmという高所からのドロップ・ジャンプが最大のトレーニング結果を達成するためには必要であると考えられていた（Verkhoshansky 1968）。しかしその後の研究で落下の高さは40～60cmを超えるべきではないとの見解が示された（Komi and Bosco 1978；Scoles 1978；Viitasalo and Bosco 1982; Clutch et al. 1983; Bosco and Komi 1979, 1982; Adams 1984; Hakkinen, Alen, Komi 1985）。われわれの研究（Radcliffe and Osternig 1995）やその他の研究（Bobbert et al. 1986; Bobbert, Huijing, and van Ingen Schenau 1987a,b)はそれよりもさらに低い20～40cmのほうが適切かもしれないと指摘している。

9. 特異性

第1章で述べたように、パフォーマンスを改善するためにはトレーニングと発達についての特異性の原則を適用する必要がある。スキルの力学的な特性を規定するのは、筋の発揮する力、筋収縮のタイプ、そしてモーターユニットの動員特性である。動作が空間的にどのように組み立てられているかに基づいてトレーニングを考えることにより、これらに対して有効に働きかけることができる。例えば、筋収縮の大きさや関節角度を模倣したポジションを用いることによって、神経－筋のスキルが改善され明らかなパフォーマンスの向上が生じる。これらのパフォーマンスの向上は、スキルの複雑性の度合いとは関係なく、トレーニングで用いた動作とテストで用いる動作が同じものである場合に特に明確なものとなる。身体姿勢を運動面に位置づけて把握するための基準としては、スポーツ動作のパターン、身体部位、運動の周期、速度がある（Bompa 1993; Siff 1996)。

専門的筋力、専門的スピード、そして専門的持久力をトレーニングするためには、トレーニング期間のさまざまな局面において、ストレッチ－ショートニング・サイクルのオーバーロード、強度、量というトレーニングの原則的要素を変化させて用いることが有効である。トレーニングの局面が異なると、準備的方法、技術的方法、発達的方法、移行的方法といったさまざまな異なる方法が必要となる。さまざまな段階で、さまざまなレベルのストレッチ－ショートニング・サイクルのトレーニングを用いることによって、活動の一般的、多方向的、そして特異的側面をトレーニングすることができる。トレーニングに何を含めるか、そして何を外すかによってそれらの側面は変化する。トレーニング歴、リハビリテーションの状態、そして競技パフォーマンスとの類似性、これらひとつひと

つも専門的なプライオメトリクスを導入する時期や負荷量に影響してくる。

　上級レベルにおいてショック法を用いた反応筋力の特性をトレーニングする段階になっても、一般的な筋力（例えば相対的筋力や動的筋力）を発達させるための漸進的エクササイズは継続すべきである。神経－運動系（固有受容性）を継続してさらに発達させるためには、段階を踏んでじっくりトレーニングしていくことが必要だからである。その上で、スポーツや活動に関する詳細な知識を活用して、パフォーマンスにかかわるまさに専門的な神経－筋系の改善にストレッチ－ショートニング・サイクルの原則を適用するとよい。

10. トレーニングとリハビリテーションの機能

　プライオメトリクスによるトレーニングと治療にはさまざまな機能と方法がある。トレーニングの視点から見ると、オーバーロードとなるのは次の3種類である。
- 抵抗的（重力、F）
- 空間的（運動範囲、d）
- 時間的（運動のスピード、t）

　これらのオーバーロードはパワーを改善する方法の要素でもある [F × d/t]（ Radcliffe and Farentinos 1985）。

　治療のための処方も3種類の方法論に対応している。
- 伸張：筋腱複合体の安静時長の増加、腱の発達の方法としてのストレッチング
- 負荷：基本的な身体的発達のための漸進的負荷による腱へのストレスの増加
- 収縮スピード：運動のスピード増加とそれに伴う腱に対する負荷の増大

　エクセントリック・エクササイズを用いて行われるいくつかの治療プログラムがある。一例として、カルヴィンとスタニッシュ（Curwin and Stanish 1984）は次のような腱炎に対するリハビリテーション治療を提唱している。まず最初に静的ストレッチングを行い、続いて患者の示す症状の分類体系にもとづいて徐々に負荷を上げていくエクセントリック・エクササイズを痛みや不快感の程度に応じて施す。そして、再び静的ストレッチングを行い、最後に損傷部に対するアイス・マッサージで締めくくるというものである。

　ストレッチ－ショートニング・サイクルやプライオメトリクス・プログラムを進めていく上で、初期のドリルやエクササイズのいくつかは、正確なテクニックと安全なトレーニングの進め方を習得させるためにデザインされていることに気が付くだろう。これらについては、弾力性、反応性あるいはプライオメトリクス的という言葉の定義にはあまりこだわる必要はない。プログラムの目的や目標が結果を出すためのものであるかぎり、用語の不統一にいつまでもこだわっているわけにはいかない。エリートレベルでは、最終目標は真に爆発的、衝撃的、弾性的－反応的、プライオメトリクス的、そして感動的なものでなければならないのである。スィフとヴェルホシャンスキー（Siff and Verkhoshansky 1966）が指摘したように、プライオメトリクスはさまざまなカテゴリーで分類可能だということ

を認識する必要がある。そのひとつはインパクト・プライオメトリクスとノン・インパクト・プライオメトリクスに分類するもので、前者はエクセントリック動作の最終局面が固定面に接するものであり、後者はストレッチ‐ショートニング・サイクル運動の最終局面が固定面と接しないタイプのものである。他に最大エクササイズと最大下エクササイズという区別も存在する。前者は最大強度でリバウンド張力や力積が生じるものであり、後者は比較的小さな力積で強度が低くその複雑性の度合いも少ないものである。ストレス段階に沿ったこれらの区別は第4章で説明する。

　古典的プライオメトリクス運動の実施以前に、準備的あるいは補助的な運動を導入してもよい。何度も言うが、プライオメトリクスの全体的なプログラムを進めていくために重要なことは、トレーニングのコンセプトを理解し、適切な導入段階と漸進性に基づいてトレーニングを行い、さらなる前進のための成果を評価することである。

　ストレッチ‐ショートニング・サイクルとプライオメトリクスを行う上での重要課題は、使用しようと考えているトレーニング・プログラムを完全に理解することである。そのためにはプログラムの目指すべき目標を確立しておく必要がある。どんなプログラムであっても、最初から最後までその目標に沿っていなければならない。この目標は、トレーニングの原則を考慮し、エクササイズのバランスを維持し、漸進性を考慮し、そしてさらにトレーニングの全体に対してこれらの原則を適用することである。こうしてプログラムの全体計画にトレーニングの原則が浸透するのである。

　以下はプログラムの構築にあたって適用される目標の例である。
1．バランスの取れた全面的に発達した漸進的トレーニング・プログラムを開発する。
2．ストレッチ‐ショートニング・サイクルをすべての基本的なトレーニング段階に含める。（準備段階、テクニック段階、発達段階、そして移行段階）
3．初心者から上級者そしてエリート選手までを対象とした安全で効果的な進歩のための包括的かつ個人別のプランを用いる。
4．プログラムの成果を評価するシステムを工夫する。

　結局、最も優れたトレーニングは本質的に適切な漸進的段階を用いているということを心に留めておいてほしい。もし選手ひとりひとりの姿勢、バランス、安定性、そして柔軟性を全トレーニング期間にわたって常にチェックすることができれば、コーチは莫大な情報を得ることができる。このフィードバックは適切な量や負荷強度を決める上で大いに役立つことであろう。

HIGH-POWERED Plyometrics

第4章
下半身、脚、および
　　　　　　股関節

ストレッチ-ショートニング・サイクルのためのエクササイズ種目は、おそらく無限に考案することができるだろう。若干のイマジネーションと探究心、それにプラスして基本的な神経-筋活動に関する理解があれば、いくらでも役立つドリルを開発することができる。しかし、すべてのスポーツ・スキルの運動パターンを明らかにし、そのための特殊なプライオメトリクスのドリルを個別に設計するということは現実的ではないし、また不必要でもある。実際のスポーツで鍵となるのはごく少数のパワー動作だけである。今から紹介するのもこのようなパワー動作のためのドリルばかりである。コーチや選手のみなさんは、どれが自分達のトレーニングに必要なドリルかが理解できるはずである。ここでの解説やデモンストレーションはそのためのヒントにすぎない。

　エクササイズはシンプルで基本的なドリルから始まり、徐々により複雑で難しいものへと進んでいく。筋力とパフォーマンスに進歩が確認できれば、より難しいドリルへと進んでいってよい。さまざまな器具を用いて実施する複雑なドリルを正確に行うためのスキルを身につけているかどうかを、選手はもちろんコーチは判断しなければならない。安全で効果的なトレーニングを進めていくための適切な計画と評価基準によって、スポーツ・パフォーマンスを向上させることができるのである。

　本章以降で紹介するドリルとエクササイズは、図4-1に示した指導と学習の段階に沿っている。ぜひ読者にもこの方法に従って指導し、これを使いこなしていただきたい。この方法は、次の段階のエクササイズに移る際の基準として、エクササイズの連続性と、手がかりとなる特徴的な動作やパフォーマンスを使う方法である。

1. トレーニングの動作と方法

　スポーツでは、さまざまな動作と行為が連続して生ずる。そのうちのいくつかは単純であり、すでに習得したスキルから成り立っている。しかし中にはきわめて複雑なものもある。ストレッチ-ショートニング・サイクルにおいても単純なものから複雑なものまで幅広い範囲のエクササイズがトレーニングに利用できる。どのエクササイズを用いるかはスポーツ・パフォーマンスの目的によって決まるのである。

　コーチあるいは専門的指導者は、トレーニングのタイプを表現するための適切な用語を統一的に用いる必要がある。これまで機能解剖学およびスポーツ動作や競技場面との関係に基づいてプライオメトリクスを分類するいくつかのシステムが紹介されてきた。

　本章と次章においては、個々の動作にどの筋群が関与しているか、およびそれらが特定のスポーツ動作といかに関係しているかという観点からエクササイズを分類する。そして多くのスポーツ動作で用いられる主要な筋群と基本的なバイオメカニクスを検討して、パ

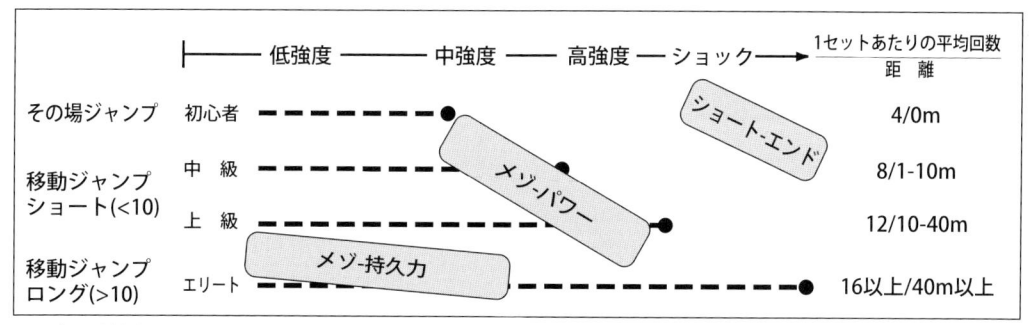

```
                    低強度 ——— 中強度 ——— 高強度 ——— ショック →   1セットあたりの平均回数
                                                                    距 離
その場ジャンプ   初心者 ———————●———————————————                        4/0m
                                              ショート-エンド
移動ジャンプ     中 級 ——————————●—————                                8/1-10m
ショート(<10)                         メゾ-パワー
                 上 級 ————————————————●———                          12/10-40m
移動ジャンプ                  メゾ-持久力
ロング(>10)      エリート ————————————————————●                       16以上/40m以上
```

( )内は連続的に行う
ジャンプの回数

図 4-1　プライオメトリクスのストレス連続体

1986 Gambeta, Robers, Seminiek, Fields, and Radcliffe

ワーを漸進的にトレーニングしていくために特定のドリルを用いなければならない理由とそれらを識別するための用語を示す。

2. 対象となる筋群

本章および第 5 章で紹介するエクササイズは 3 つの身体部位別のストレス連続体に沿って整理されている。すなわち、(1) 下半身（脚と股関節）、(2) 体幹（中央部）、(3) 上半身（胸、肩、肩甲帯、腕）である。ここではこれらを分離して扱うが、これらの領域は機能的に統合されており、われわれがパワー・チェインとして取り扱うものの一部を構成している。

3. 動作とパワー・チェイン

ほとんどすべてのスポーツ動作は股関節および脚から生み出される。このことは、直接的なパフォーマンスの目的であると同時に、より複雑な動作の構成要素ともなっている走・跳・投という活動にも当てはまる。例えば、最終的に肩や胸や腕が関与する上半身の熟練動作を実行するための運動エネルギーが、下半身の膝や股関節の屈曲、伸展、内・外旋そして内・外転という運動によって生み出されたエネルギーが体幹に伝達される結果として生じるということがある。

この章でのプライオメトリクスはこのパワー・チェインの考え方にしたがって整理されている。エクササイズのほとんどは脚と股関節のものである。脚と股関節の筋群は競技動作におけるパワーの源であり、すべてのスポーツにおいて最も実質的な関与をしているからである。以下に、脚と股関節の筋活動および、これに関連する特異的な筋活動のためにデザインされた、ストレッチ-ショートニング・サイクル運動を解説する。

(1) ジャンプ

多くのプログラムにおいては、プライオメトリックスは単にジャンプ・トレーニングとして定義されている。これまで、競技パフォーマンスのトレーニングと評価に関して、さまざまなジャンプのスタイルとジャンプの定義が示されてきた。

最大跳躍高が要求されるジャンプの指導においては、上方への「ヒップ・プロジェクション*」という言葉を用いることもある。しかし水平距離は強調しない。振り出し脚のフットワークは変化することがあるが、通常のジャンプにおいては踏み切りと着地には両脚を用いる。陸上競技の文献においては、どんな踏切動作であっても着地は両脚で行うものとして扱っている。これはこれでひとつの優れた説明となる。すべての状況には当てはまるわけではないが(例えば走り高跳びの着地)、トレーニングの用語をパフォーマンスの用語と結びつけるというひとつの方法を示している。高く跳ぶためのスタート時の姿勢とジャンプを開始する方法が重要である。以下に示すようないくつかのタイプのジャンプが区別されている。

(*ヒップ・プロジェクションとは、腰が落ちた姿勢ではなく、しっかりと腰の入った姿勢で、身体全体を空中に射出するように跳躍させることを意味する。—訳者)

●スクワット・ジャンプ：事前に筋を伸張するためのプレ・ストレッチ動作を用いずに行われるジャンプは、スクワット・ジャンプ(SJ)と呼ばれている。足関節、膝関節、股関節を特定の屈曲角度で固定した静的姿勢からの垂直方向へのジャンプである。

●カウンタームーブメント・ジャンプ：プレ・ストレッチ動作が事前に入ればカウンタームーブメント・ジャンプ(CMJ)とみなす。まず始めに足関節、膝関節、股関節が屈曲し、引き続いてすばやい筋骨格系の伸展によって垂直方向へのジャンプが行われる。

●デプス(ドロップ)・ジャンプ：ジャンプ・エクササイズの研究ならびに開発において、より進んだ段階のエクササイズを表す言葉がデプス・ジャンプである。これはドロップ・ジャンプと呼ばれることもある(DJ)。ある高さから落下し、着地時に関節を屈曲するかまたは抵抗し、その直後に伸展するという方法で行われる垂直跳びを意味する。

爆発的パワーのトレーニングで用いられるジャンプがさらに分類されている。

●その場ジャンプ：踏み切りと着地において水平移動を行わずに、身体の垂直方向の移動だけが生ずる。その場ジャンプは通常、初心者の導入段階で用いられるもので、より進んだ段階でこれが用いられる場合は強度的には低く、量的には中くらいのものとなる。

●ロング・ジャンプ：陸上競技の用語ではジャンプという動作が平行移動を意味することがある。この定義によれば、強度が低く量が多いこの踏み切りと着地のトレ

ーニング段階は、接地回数ではなく、メートルで表示される距離によって記録されることになる (30〜100m)。

- メゾ-持久力ジャンプ：低強度で多量の踏み切りと着地が有効であると主張する陸上競技のコーチが用いるもうひとつの用語がメゾ-持久力ジャンプである。これもまた接地回数ではなく距離によってそのレベルを区別する。衝撃度の低い単純なバウンディング、ギャロッピング、そして長い距離 (40〜80m) をカバーするコンビネーション・エクササイズからなる。

- メゾ-パワー・ジャンプ：上記のものとは逆に、踏み切りと着地の強度が高く量的には少ないものがメゾ-パワー・ジャンプである（これも陸上競技の用語）。左右の足を交互にまたは片足だけで接地するエクササイズやボックスを使うエクササイズがある。

- ショート-エンド・ジャンプ：量的には少ないが最大強度 (ショック) で行われる踏み切りと着地は、ショート-エンド・ジャンプと呼ばれることが多い。これには、ハードル・ホップ、デプス・ジャンプ、立ち3段跳び等のように、動作も複雑で、衝撃度も高いエクササイズが含まれる。ショック法というのは、爆発的トレーニングに注目してきた人々の間では元来エクセントリック・トレーニングを表すものであった。それがさらに狭義にデプス・ジャンプのような衝撃力を強調した爆発的-反応的方法を意味するものとなったのである。

(2) バウンド

バウンディングで強調することは最大水平距離の獲得である。高さはこの最大距離を達成するための要因としての意味を持つ。バウンディングは両脚同時でも左右交互でも行うことができる。

陸上競技の用語では、バウンディングは一方の脚で踏み切りもう一方の脚で着地する動作を言う。上級者が行う場合にはこの定義でよいのだが、水平方向へのヒップ・プロジェクションを指導する初期段階ではストレスを低く抑えテクニックを強調するために、両脚で踏み切って両脚で着地するほうが効果的である。したがって、バウンディングの本来の用語の使い方に対して、段階的な指導と学習の目的に照らした修正を加えた使い方をすることにする。プランシング、ギャロッピング、スッキッピングの動作がこれにあたる。

(3) ホップ

ホッピングで最も重要な点は、脚の回転運動を最大速度で実施しながら高さや距離を稼ぐことである。指導の初期段階では、適切な脚の回転運動によってヒップ・プロジェクションを行うことが強調されるべきであって、大きな水平距離を得ることは重要ではない。進んだ段階になると、より特異的な目標を達成するために、むしろ垂直方向を強調しないことが重要となる場合がある。例えば、3段跳び競技におけるホップの局面でこうしたことが生じるであろう。

陸上競技の用語としては、ホッピングとは、

一方の脚で踏み切りその脚で着地することである。この定義は指導する上においてもパフォーマンスの段階論の観点からも適切である。特にホップは難しい動作なので、左右どちらの脚を使ってでも、正しいヒップ・プロジェクションと脚の回転運動を行うためのバランスと安定した姿勢がとれるように、初期段階から要求して行かなければならない。しかも前後左右いずれの方向に対してもこのことは必要である。

(4) リープ

リーピングは、最大の高さと水平距離を強調した1回の最大努力によるエクササイズである。片脚でも両脚でも行われる。リーピングという用語には、ジャンピングやバウンディングと同様の動作を、反復せずに1回だけ行うという意味もある。

(5) スキップ

スキッピングは、右脚から右脚へのホップから左脚へステップし、引き続いて左脚から左脚へホップするという動作を、高さと距離を強調しながら交互に実施する動作である。このステップ-ホップという動き方は、前後左右あらゆる方向で行うことができる。

(6) リカシェット

リカシェットで強調することはただひとつ、素早い脚と足の動きである。垂直距離と水平距離は、より高頻度で(より高速に)動作を実行する目的のために最小限に抑える。他の多くのエクササイズの実施方法と同様に、プライオメトリクスも2つのカテゴリーに分類される。ひとつは負荷を加えたり抵抗に逆らったりして行う運動(レジステッド)、もうひとつは負荷の軽減または補助的な力に助けられて行う運動(アシステッド)である。適度な落下の感覚を伴って実施されるリカシェットは後者に該当し、オーバー・スピード・スタイルのトレーニングと名づけられているものに相当する。

4.基本ドリル

脚と股関節のための基本的なドリルは、ジャンプ、バウンドとスキップ、そしてホップというエクササイズのカテゴリーに分類される。それぞれのカテゴリーに含まれるエクササイズは、低強度から中強度そして高強度さらにはショック法へという連続体の中に位置付けられている。表4-1は脚と股関節のためのドリルをまとめたものである。以下、これらの各ドリルについての目的、開始姿勢、及びドリルの進め方についての説明をして行く。

表4-1 脚と股関節

連続体の強度による尺度			
低強度	中強度	高強度	ショック法
ジャンプ			
ポゴ スクワット・ジャンプ ボックス・ジャンプ ロケット・ジャンプ スター・ジャンプ	ダブル－レッグ・バット・キック ニー－タック・ジャンプ スプリット・ジャンプ シザース・ジャンプ	ダブル・シザース・ジャンプ シングル－レッグ・ストライド・ジャンプ ストライド・ジャンプ・クロスオーバー クイック・リープ	デプス・ジャンプ ボックス・ジャンプ (MR) デプス・リープ デプス・ジャンプ・リープ
バウンド＆スキップ			
プランシング ギャロッピング ファースト・スキッピング アンクル・フリップ ラテラル・バウンド (SR) ダブル－レッグ・スピード・ホップ	シングル－レッグ・ステア・バウンド ダブル－レッグ・インクライン＆ステア・バウンド ラテラル・ステア・バウンド 交互レッグ・ステア・バウンド 交互レッグ・バウンド	ラテラル・バウンド 交互レッグ・ダイアゴナル・バウンド	ボックス・スキップ ボックス・バウンド
ホップ			
ダブル－レッグ・ホップ前進 ダブル－レッグ・スピード・ホップ 漸増垂直ホップ サイド・ホップ－スプリント	アングル・ホップ シングル－レッグ・バット・キック シングル－レッグ・ホップ前進	シングル－レッグ・ラテラル・ホップ デクライン・ホップ シングル－レッグ・スピード・ホップ シングル－レッグ・ダイアゴナル・ホップ	
リカシェット			

5. ジャンプ (ドリル 1 − 17)

ドリル1　ポゴ

概要　ジャンプの指導と学習における導入のためのエクササイズである。垂直方向へのヒップ・プロジェクションを行うための姿勢と着地および踏み切り姿勢の学習は、この単純な下肢の動作から開始する。

開始姿勢　膝を少し曲げ、胸を張り、肩を後ろに引いた直立姿勢をとる。

進め方　最初は、下腿部だけを用いて垂直方向へ踏み切ることと、上方へのヒップ・プロジェクションを強調する。腕と肩の上方向へのブロッキング動作を使う。膝の曲げ伸ばしはできるだけ使わないようにして、足関節と足を強調する。踏み切りに際して足関節はロックし、つま先を上げておく（背屈）。しっかりと接地し、素早い弾力性に富んだ踏切ができるように、この足関節をロックしたポジションを維持するようにする。

ドリル2　スクワット・ジャンプ

概要　このエクササイズは平地の少し弾力性のある地面で実施する。脚と股関節におけるパワーを発達させるための基本的ドリルであり、多くのスポーツに応用できる。最も重要な強調点は1回ずつのジャンプで常に最大高を得ようと努力することである。

開始姿勢　足を肩幅に開いてリラックスした直立姿勢をとる。頭の後ろで両手の指を組み合わせる。この姿勢が導入段階では踏み切りと着地に適した姿勢となる。後のより進んだ段階で常によい姿勢がとれるようになれば、腕と肩によるブロッキングを使うことができる。

進め方　ハーフ-スクワットの姿勢まで脚を曲げて行き、すぐさまこの下降運動を停止し、できるだけ高く上に向って爆発的に、股関節と膝関節と足関節を最大伸展位まで可能な限り素早く伸ばす。最初のうちは、着地した時にその姿勢のまま動作をいったん止めて姿勢をチェックする。そこでリセットして次の反復動作に入るようにする。1回だけの反応からポーズつきの複数反応に進み、最終的には、ハーフ-スクワット姿勢で静止する直前にジャンプ局面を開始する複数反応を行うようにしていく。1回毎に最大の高さが得られるように努力すること。

ドリル3 ボックス・ジャンプ（1回反応）

概要 この段階でボックスを利用する目的は、着地衝撃をやわらげ、正しい着地のテクニックを引き出し、垂直方向へのヒップ・プロジェクションの目標を与えるためである。

開始姿勢 着地をするボックスの上板からほぼ腕の長さ分だけ離れた位置からジャンプをする。次に示すように、ジャンプの開始姿勢を変えることによってボックス・ジャンプの段階が決まる。（1）スタティック・スクワット：足を肩幅に開いたハーフ-スクワット姿勢をとる。腕を前方に振り出すためにあらかじめ後ろに引いておく。（2）カウンタームーブメント・ジャンプ：直立姿勢で足幅は同じであるが、素早くハーフ-スクワット姿勢まで脚を曲げた後、直ちに爆発的な踏み切りを行う。（3）ステップ：一方の足をそれまでと同じように腰の下に置いたまま、もう一方の足を後ろに引く。膝を曲げ体重を前方の足に移す。この時身体を前後に揺らさないように注意する。後ろ足で地面を押して踏み切りのための運動量を作り出して、もとの両足を揃えた姿勢に戻ってから踏み切る。（4）ラテラル・ステップ・バウンド：通常の踏み切り位置から左または右に一歩か一歩半横にずれる。その位置から外側の足で地面を押し、内側の足でリードして元の踏み切り位置にサイドステップしてから踏み切る。

進め方 それぞれのスタート姿勢からの踏み切りでは素早く股関節と膝を伸展させる。腕のブロッキングを使って速くそして爆発的に地面を押す。ボックスの上に膝を曲げて着地する。

ドリル4　ロケット・ジャンプ

概要　このエクササイズは平らな少し弾力性のある地面で行う。胴体の全体にわたるパワーを発達させるための基本的ドリルで、多くのスポーツに応用できる。垂直方向への最高到達点に毎回両手でタッチするつもりで行うことを強調する。

開始姿勢　足は肩幅でリラックスした直立姿勢をとる。腕を少し曲げて身体の近くで構える。

進め方　まず、ハーフ - スクワットの姿勢まで沈み込む。すぐにこの下方への運動を停止し、この踏み切り姿勢から両腕と身体全体を真上にまっすぐ伸ばしてできるだけ高く爆発的に跳び上がる。身体の落下にあわせて再び踏み切り姿勢が取れるように着地する。この屈曲と完全伸展動作を、できるだけ前後左右にぶれないようにして繰り返す。

ドリル5　スター・ジャンプ

概要　これも胴体全体のパワーを発達させるための基本的なドリルであり、多くのスポーツに適応できる。このドリルで最も強調されることは、1回ずつ最大の高さを得ようとすることと身体を左右に大きく伸ばすことである。コーディネートされた動作のための優れた導入ドリルである。

開始姿勢　足を肩幅に開いてリラックスした直立姿勢をとる。腕を少し曲げて身体の近くで構える。

進め方　ロケット・ジャンプと全く同じように始める。そして、沈み込み動作をすぐに停止し、できるだけ高く爆発的に踏み切り、全身を垂直方向に伸ばす。ロケット・ジャンプとの違いは両腕・両脚をそれぞれ外側に開いて伸ばすことである。身体の落下にあわせて関節を曲げながら内側に戻し着地の際には再び踏み切り姿勢をとる。

ドリル6　ダブル−レッグ・バット・キック

概要　選手にとってこのドリルは、力の伝達ということを学ぶために行われる数多くの練習のうち、最初に行うドリルとなる。いったん伸展した脚を空中で曲げることによって、より大きな力を与えることができる。膝関節から曲げるという単純な動作で下肢を持ち上げる。

開始姿勢　膝を少し曲げ、胸を張って肩を後ろに引いた直立姿勢をとる。

進め方　素早いカウンタームーブメント・ジャンプから垂直方向の高さを出すために股関節を完全伸展位まで伸ばし、つま先を上げながら踵を上後方の臀部に向けて引き付ける。膝は胸に抱え込むのではなく、最小限の上方及び前方への引き上げとなるようにする。上体の直立姿勢を維持し腕のブロッキングを使う。

ドリル7　ニー‐タック・ジャンプ

概要　このドリルは、芝生や体操競技のフロアー・マットのような弾力性のある平らな地面の上で実施する。最初は1回反応（SR）で、その後でポーズつきの複数反応（MR）、そして最終的には複数反応で行う。

開始姿勢　両方の手のひらを下に向けて胸の高さに構えた楽な直立姿勢をとる。この姿勢は膝の位置に目標を与えて、正しい踏み切りと着地姿勢ができるように初期段階で用いる。常に適切な姿勢がとれるようになれば通常のブロッキングを用いる。

進め方　ほぼクウォーター‐スクワットの高さ（膝角度が約90度）まで素早く沈み込み、直ちに爆発的に上に伸び上がる。膝を胸の高さまで引き上げて手のひらに触るようにする。着地して同じことを繰り返す。1回ずつ膝をしっかり引き上げて身体の下に抱え込むようにする。最小限の接地時間で素早く複数反応ができるようにすること。

ドリル8　スプリット・ジャンプ

概要　スプリット・ジャンプは平らな地面の上で行う。このドリルは、ランニングとクロス－カントリー・スキーのストライドのパワーを発達させるためには特に効果的である。

開始姿勢　一方の脚を前に出し、膝が足の中央の真上に来るようにして曲げる。後ろ脚は膝を曲げて、肩と股関節と膝が垂直に一直線になるようにする。

進め方　できるだけ高くまっすぐにジャンプする。腕のブロッキングを使ってしっかりと身体を持ち上げる。着地時には再度膝を曲げて衝撃を吸収しながら脚を前後に開いた姿勢をとる。肩を後ろに引いて股関節と肩が一直線になるような安定した姿勢を保つことが重要である。決められた回数行ってから前後の脚を換えて再び繰り返す。

ドリル 9　シザーズ・ジャンプ

概要　スプリット・ジャンプと同様に、このエクササイズは下肢と胴体の筋を使う。脚のスピードを強調するという点だけがスプリット・ジャンプと異なる点である。したがって、ランナーとジャンパーにとって特に優れたエクササイズとなる。

開始姿勢　シザーズ・ジャンプの開始姿勢はスプリット・ジャンプと同じである。

進め方　開始動作はスプリット・ジャンプと同様であるが、ジャンプの頂点で前後の脚の位置を入れ換える。脚の入れ換えは着地するまでに空中で素早く行う。複数反応で実施する際には、着地した脚の位置は先に踏み切った位置とは前後が入れ換わっていることになる。このエクササイズでは最大の垂直方向への高さと脚のスピードを強調すること。

ドリル 10　ダブル・シザーズ・ジャンプ

概要　さらに進んだ選手のためのシザーズ・ジャンプのバリエーションがダブル・シザーズ・ジャンプである（写真には示されていない）。このドリルは股関節、脚、および胴体の屈筋と伸筋を鍛えるドリルである。

開始姿勢　開始時のポジションはスプリット・ジャンプおよびシザーズ・ジャンプと同じ。

進め方　ダブル・シザーズ・ジャンプでは、ジャンプの頂点で両脚の完全な1回転を行う。前の脚を後ろへ移動させその脚を再び前に戻す、最初に後ろにあった脚は前へ移動させすぐに再び後ろに戻すのである。これを空中で行うから、着地時の脚の前後位置は元のままになる。肩を腰の真上に維持する良い姿勢を忘れないようにすること。この連続入れ換え動作は、単に下肢や足だけの入れ換えではなく、脚全体の運動として股関節を中心にして実施する。このエクササイズは1回反応だけの実施となる。

ドリル11　シングル−レッグ・ストライド・ジャンプ

概要　シングル−レッグ・ストライド・ジャンプをするには長くて丈夫なベンチまたは、箱あるいは観覧席かスタジアムの階段が必要である。このドリルは、片脚または両脚の交互運動から腰をうまく上昇させることが必要となるすべてのスポーツや活動にとって有効である。このドリルを行う意図は、適切な姿勢やテクニックを変えることなく、ストライド長を増大させるように股関節と一方の脚を用いることにある。ヒップ・プロジェクションについて見ると、坂道ダッシュに似ている。

開始姿勢　ベンチの横に立ち、内側の足をベンチの上に置いて腕は身体の横に下げておく。

進め方　両腕の振り上げ動作からエクササイズが始まる。最初、両脚で地面を押し、次にベンチ上に置いた内側の脚によってパワーを供給し、できるだけ高くジャンプする。複数反応で行う時にはベンチ上を少しずつ前方に進む。ベンチから遠いほうの外側の足が地面に触れるやいなやすぐに動作を反復する。パワーを供給し身体を支持するのは主にベンチ上の内側の脚である。外側の脚は最小時間で最大の衝撃力が得られるようにすること。ベンチの端まで来たら向きを変えて内側と外側の脚を換え、反対方向に向かって繰り返す。1回ずつ最高の高さまでジャンプし身体を完全に伸展させることを忘れないように。

ドリル12 ストライド・ジャンプ・クロスオーバー

概要 このドリルを行うためには、シングル-レッグ・ストライド・ジャンプで説明したものと同じタイプのベンチが必要になる。このドリルは前項のシングル-レッグ・ストライド・ジャンプをさらに複数反応へとレベルアップしたもので、ランニング、跳躍、体操競技などの脚を交互に動かすスポーツ種目にとって特に適したものとなる。

開始姿勢 シングル-レッグ・ストライド・ジャンプと同様、ベンチの端で一方の足をベンチの上、他方を地面において直立姿勢をとる。腕は横に下げておく。

進め方 両腕の上方向へのすばやいブロッキングから始める。この上向きの運動をベンチの上に置いた脚の押す力で引継ぎ、できるだけ高く跳び、身体を完全伸展させる。この時、身体をベンチの少し前に移動させ、身体の駆動に用いた前脚をベンチの反対側の地面に下ろし、後方にあった脚を今度はベンチの上にセットする。身体と脚の位置関係がスタート時の姿勢とは逆になる。最初に身体を駆動したほうの脚が接地するやいなや直ちに今度は先とは違うほうの脚をパワー源として動作を繰り返す。ベンチの端から端までこの動作を繰り返す。腕の振りを身体を持ち上げる補助に使いながら毎回最大の高さまでジャンプする。地面及びベンチに足が接触している時間を最小限にするように動作をできるだけ速く行う。

ドリル 13　クイック・リープ

概要　クリック・リープを行うためには、芝生、砂場、レスリング・マットのようなやわらかい着地場所とベンチ、椅子または 30～60cm の高さのボックスが必要となる。このエクササイズはバレーボール、アメリカン・フットボール、バスケットボール、飛び込み競技、ウエイトリフティングに効果がある。

開始姿勢　足を揃えて膝を少し曲げてボックスに正対する（腕の長さ分だけ離れる）。腕は身体の横に保持し肘を少し曲げる。

進め方　開始姿勢から力強い腕の振りの助けを借りて爆発的にボックスに向かって跳び上がる。空中にいる間に膝を高く腰の前に引き上げて保持し、足を腰

High-Powered Plyometrics

の下に引き寄せながら、ハーフ‐スクワットの姿勢による踏み切りの準備姿勢をつくる。足関節をロックして足裏全体でボックス上に着地し、ただちに前方に伸び上がる。この時、身体全体をまっすぐに伸展する。フィニッシュは膝を曲げて足裏全体で衝撃を吸収しながら着地する。最初のボックスへの跳び上がりをボックスの高さすれすれに跳び上がることによって動作を可能な限り速くすること。高く跳び上がり過ぎてはいけない。ボックス上からの第2のジャンプを予測しそれに集中し、踏み切った後、身体を完全に伸ばすことが大切である。ここでは、片脚でボックスの上に跳び上がり、その脚だけでリープするというバリエーションを実行することもできる。

第4章　下半身、脚、および股関節

ドリル 14　デプス・ジャンプ

概要　このエクササイズを行うためには、30〜90cmの高さのボックスかベンチが必要となる。着地面に関しては柔軟であれば特にこだわる必要はないが、芝生、体操競技のフロアー、クッションの効いた人工芝などがよい。デプス・ジャンプはショック法のエクササイズであるから、トレーニングの最終段階に位置づくものである。したがってこのドリルを行うまでには段階を踏んだ漸進的な準備をしていかなければならない。もちろんこのドリル自体も段階を踏んで進めなければならない。具体的にはボックスを用いること及びそこから踏み切り面まで落下するという方法でショック法は行われる。このエクササイズのキーポイントは、着地のリズムを教えることはできないということである。着地の局面は効率の良いパフォーマンスを生み出すために、まさに自分で獲得していくべき局面である。そのためには、着地衝撃にうまく対処し、引き続いて行われる踏切をできる限り適切に実行しなければならない。したがって、脚の筋力、スピード、クイックネスを必要とするデプス・ジャンプはすべてのスポーツに対する最も優れた適用性を持つと言えるが、それだけに、もし第3章で説明したような適切な段階を踏まないならば、さまざまな問題を引き起こしかねないとも言える。

開始姿勢　高い台の端に両足の前部を台の端から少し出して立つ。膝はやや曲げ、腕は体側にリラックスして下げておく。この姿勢をとる目的は、台の上から跳び下りたり、ステップによって降りるというよりもむしろ、すべり落ちる、あるいは落下するためであり、突然の不意のリズムでパフォーマンスの構えをさせるためである。

進め方　高い台の上から地面に落ちる。落下し始めたら、膝と股関節を曲げて着地に備える。肘を後ろに引いて足首は背屈させておく。ドリルの段階としては、最初は着地のみから始める。正しい着地姿勢がとれるようになったら、効率の良い連続した踏み切りに進む。できるだけ高く跳ぶために、腕を上方に振り上げて身体を伸ばす。デプス・ジャンプでジャンプの局面が始まるのは着地と同時であって、着地の後ではない。地面との接触時間を最小限に保ちながら力を発生するトレーニングの効果を上げるためには、最大強度と最大努力を必要とする。1回ごとの最大努力の間にしっかりと休養をとることも、また重要となる。

ドリル 15　ボックス・ジャンプ（複数反応）

概要　このエクササイズを行うためには、30〜60cmの高さのボックス、ベンチ、あるいはしっかりとした台が必要である。

開始姿勢　ボックスまたは台に正対し、腕の長さ分だけ離れて楽な姿勢で立つ。両腕は体側に沿って下げ、脚はやや曲げる。

進め方　最初の爆発的動作の助けとなるように腕を使って上前方にジャンプし、ボックスまたは台の上に両足を揃えて着地する。直ちにもとの位置に後ろ向きに落下するか跳び戻る。そして再び前上にジャンプしてボックスまたは台の上に着地し、直ちにもとの位置に跳び戻る。この繰り返しである。複数反応にバリエーションをつけることができる。それは、台上にジャンプする方向と台から落下する方向に変化を加えることである。忘れてならないことは、腕と肩のブロッキングを使うこと、そして最大のヒップ・プロジェクションを犠牲にすることなく、接地時間が最小限になるように集中することである。

ドリル 16　デプス・リープ

概要　この段階では、通常のカウンター・ムーブメントからのリープよりもさらに弾性と反応による実行が求められる。

開始姿勢　デプス・ジャンプと同じ姿勢から始める。

進め方　高所から落下し、踏み切り姿勢で着地し、接地と同時に直ちに踏み切る。最大の距離と高さの両方を同時に達成するつもりでリープすること。リープは単発で強度の高い運動を行う必要があるので、着地衝撃を吸収するための砂やスポンジがあるほうが良いだろう。

ドリル 17　デプス・ジャンプ・リープ

概要　このドリルを実施するには、1 つが 30 〜 40cm くらいの高さの、もう 1 つが 55 〜 65cm くらいの高さの 2 つのボックスまたはベンチが必要である。着地面は芝生や薄めのマットのような弾力性のある場所を選ぶ。このドリルはウエイトリフティング、バスケットボール、バレーボール、スキーのジャンプ、飛び込み競技に効果がある。

開始姿勢　腕を体側に下げて低いほうのボックス上に立つ。足は揃えて、デプス・ジャンプの時ように端から少し出しておく。もうひとつの高いほうのボックスを 60 〜 90cm 離して選手の前に置く。

進め方　デプス・ジャンプの要領で最初のボックスから落下し、着地と同時に両足で踏み切って、高いほうのボックスに跳び上がり、両足でボックスの上に着地する（レベルが高くなれば片足で）。そしてできるだけ強く上前方に、腕を使って身体を完全に伸ばしながら跳び上がる。最後は、脚を曲げ着地衝撃を吸収しながら両足で着地する。素早い爆発的なデプス・ジャンプに集中し、着地衝撃に打ち勝ち、その跳ね返りを利用して高いほうのボックスへのリープを行う。跳び乗った脚で高いほうのボックスを蹴り飛ばすつもりで行う。他のショック法のエクササイズと同様、1 分〜 2 分またはそれ以上の十分な休息時間が必要である。

6. バウンドとスキップ（ドリル 18 – 31）

ドリル 18　プランシング

概要　ポゴがジャンプのための初期段階のドリルであったように、プランシングはバウンディングの導入段階で用いる。両足による着地と踏み切りで腰を水平に移動させて行く。このドリルでは踏み切りと着地を両足同時に行うことが重要である。

開始姿勢　軽く膝を曲げ骨盤を前傾させて立つ。

進め方　踏み切りで、一方の膝を他方の脚の前に持っていきながら腰を前上方向に押し出す。着地と同時にもう一方の膝を前に持っていきながらすぐに踏み切る。上半身の動きはランニングと同じである。左右の膝を前後に入れ替えながら両足同時に着地する。足関節はトー・アップ・ポジション（第3章参照）でロックしたままにしておく。

ドリル 19　ギャロッピング

概要　ギャロッピングは、ヒップ・プロジェクションと後脚の押し出しを強化するのに効果のあるリズミカルなエクササイズである。前脚の使い方と適切な引っ掻き動作あるいは脚の回転動作の強調は、2次的なものとなる。

開始姿勢　一方の足を他方の足の前に置いた立位姿勢をとる。

進め方　後ろの脚全体を使って地面を押す。足関節を固定したままバネのよう

High-Powered Plyometrics

な着地と踏み切りを強調する。常に同じ脚を後ろにしたまま腰を前に押し出し続ける。もう一方の足は常に前側で、一歩ごとに最初に着地しバランスをとる。6〜12回反復したら前後の脚を入れ換える。強力で速い後脚の膝関節と足関節の伸展によって、上および前方へのヒップ・プロジェクションを強調する。その動作に前脚の軽快な周期的アクションが付随していなければならない。

ドリル20　ファースト・スキッピング

概要　スキッピングはランニングのストライドに関与する筋群を鍛えるための優れたドリルのひとつである。スキッピングの段階的なエクササイズを進めて行くことにより、スプリントとジャンプのためのテクニックが強化され、選手が各段階で必要とする爆発力を鍛えることができる。スキッピングはすべてステップ−ホップのパターンで実施する。すなわち、右−右、左−左、右−右という繰り返しである。

開始姿勢　片方の脚を少し前に出したリラックス姿勢をとる。

進め方　ファースト・スキッピングはしっかりとした接地を維持しつつ滞空時間を短くする。この動きをできるだけ速いリズムで実施する。前脚のつま先を上げ、膝を前にそして上に上げる。この時、踵を上げて腰の下に引き付ける。ストライドの幅を強調するのではなく、大腿部を最大伸展し確実に引きつけることと、動作の頻度を強調する。

ドリル 20a　エクステンディッド・スキッピング

　ホップとステップの滞空時間を長くするスキップである。ステップの局面では安定したストライドをキープし、ホップの局面では膝を最大限に水平移動させ、前脚による引っ掻き動作によってできるだけ距離を稼ぐようにする。エクステンディッド・スキッピングはタイミングとリズムの点で3段跳びに似ている。

　写真では示していないが、短いステップに続いて後脚による強い蹴り出しを強調する**パワー・スキッピング**も行うとよい。逆の脚はつま先を上げ、膝を高く上げる。着地すると同時にすぐ反対の脚で同じように反復する。短いステップの次に常にできるだけ高く跳び、大きな爆発的パワーを発揮する。身体を支持する蹴り脚の最大伸展からの力が伝わるように、反対脚の膝を力強くかつ素早く引き上げることが重要である。腕のブロッキングを使い、接地時間を最小限にしつつ、身体の引き上げと滞空時間を少しでも長くすることに集中する。

ドリル21　アンクル・フリップ

概要　アンクル・フリップは一方の脚で踏み切りもう一方の脚で着地する。したがって、このエクササイズはバウンディングへ進むための次の段階として位置づけられる。股関節と膝の完全伸展による腰部の前方への投射を強調するドリルである。

開始姿勢　一方の足を前に出し、リラックスした直立姿勢をとる。

進め方　踏み出す脚の腰部を後ろ脚で強く前に押し出す。前に移動させた脚の膝はほとんど曲げず、足関節はロックして着地しすぐにそのポジションから伸展する。それによって腰を前方へと移動させていく。足関節は常に腰のやや後方から前に出てくる。

ドリル22　ラテラル・バウンド（1回反応）

概要　ラテラル・バウンドは1回反応ドリルから始める。選手に自分のパフォーマンスについての適切なフィードバック情報を与えるため、最大の爆発的ジャンプを行った後、1回ずつセットしなおすようにする。股関節と下背部の筋群以外に大腿部と鼠径部の筋を使うように意識させる。

開始姿勢　運動方向に対して真横を向いてハーフ-スクワット姿勢をとる。

進め方　移動する側の脚をいったん反動をつけるように内側へ入れ、体重を逆脚にかける。直ちに移動する側の肩と膝を運動方向に振り出しながら体重のかかった脚を押し出してしっかりと伸ばす。これによって水平方向への距離を得る。リードしたほうの脚が先に着地し、身体を押し出したほうの足がバランスをとって後から着地する。

ドリル23　シングル-レッグ・ステア・バウンド

概要　高い位置へ着地することにより、着地による衝撃を減らしつつ、バウンディングのために必要となる適切なテクニックをそのまま実行するドリルが、シングル-レッグ・ステア・バウンドである。前足が階段のステップの下に挟まるのを防ぐために、前に面した側に隙間のないコンクリートの丈夫な階段が必要である。スタジアムの階段などが良いであろう。組み立て式の簡易観覧席は不向きである。

開始姿勢　片脚でバランスをとり階段の下から2段目のステップ上に立つ。もう一方の脚は身体の少し後でバランスをとり、すぐ下の段の上に構えておく。

進め方　上の足で階段のステップを押し、下後方に1段ステップ・ダウンして後ろの脚で体重を支える。この脚を直ちに爆発的に突き離しながら、もとの前脚の膝を上に振り上げて最初の段より1段か2段上の段に跳び移る。例えば、左脚から1段下の右脚に降り、1段か2段上に左脚で跳ね上がる。このギャロップの動きを決められた回数繰り返す。次に前脚と後脚を入れ替えて行う。つまり、今度は右脚が前になり、下にある左脚に降りてすぐ右脚に跳び移ることになる。

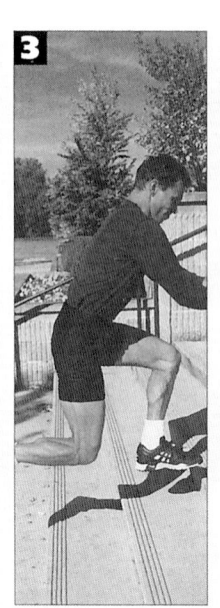

ドリル24 ダブル－レッグ・インクライン＆ステア・バウンド

概要 このドリルは、スタジアムの階段のようなステップに隙間のない階段か上り坂で行う。こうした傾斜地で行うことによって、着地衝撃を和らげるとともに伸展と踏み切りの力を強調することができる。

開始姿勢 リラックスしたハーフ－スクワットの姿勢をとって脚の前の部分で立つ。腕は軽く曲げて身体の後ろにブロッキングの準備をして構える。

進め方 他の多くのエクササイズと同様に、このエクササイズにもトレーニングの進行段階がある。まず、階段か上り坂での1回反応から行う。カウンタームーブメント・ジャンプを行い、身体を完全伸展させて爆発的に前上方に跳ぶ。そして足裏全体をつけた屈曲姿勢で着地する。1回ずつセットしなおして、これを反復する。次に、階段で複数反応のバウンディングを行えるようにする。次の段階では、準備姿勢から最初の動作を始めるために1段下後方に落下する。この後方落下は前上方へのヒップ・プロジェクションのための姿勢を維持しながら行う。着地姿勢が乱れない範囲で、できるだけ速い踏み切りによって、できるだけ上の段まで跳ぶようにする。その後再び落下しさらに上方へ踏み切る。

第4章 下半身、脚、および股関節

ドリル 25　ラテラル・ステア・バウンド

概要　このドリルはラテラル・バウンドの複数反応バージョンであるとともに、高所への着地によって衝撃を和らげることができる。シングル・レッグ・ステア・バウンドと同じように、階段の1段下への落下と数段上への爆発的な側方バウンディングを行う。

開始姿勢　肩を階段に対して真横に向けたハーフ・スクワット姿勢で立ち、体重は上の脚にかける。

進め方　他のステア・バウンド系のエクササイズと同じように、体重をステップ間で移動させていく。下の脚を1段下に落下させ、上の足をステップから離す。落下と同時に直ちに下の脚を伸展して、上の脚をすばやく2段か3段上までバウンドする。1段落下し2段か3段上がるという繰り返しを8〜12回反復する。それから逆向きで行う。

ドリル26　交互レッグ・ステア・バウンド

概要　水平方向へのヒップ・プロジェクション・ドリルの次の段階は、上り坂や階段のような傾斜を用い、衝撃を小さくして脚を交互に着地するドリルである。

開始姿勢　スプリントを始める時の様なスタンスで構える。

進め方　支持脚を最大伸展し、振り出し脚は膝を最大限に引き上げながら階段に沿って前方に進むという、階段の駆け上がりエクササイズである。素早い踏切と爆発力のためのつま先の引き上げと踵の引き付け姿勢を維持する。ストライドの幅が広くなり過ぎてステップ間の時間が長くならないように注意する。

ドリル 27　交互レッグ・バウンド

概要　このドリルは特に爆発的な脚と股関節のパワーを発達させるためのものである。脚を交互に動かすことにより大腿部と股関節の屈曲と伸展に関与する筋群を鍛える。ランニング、スプリンティング、そしてジャンプ動作を強化するためのドリルである。

開始姿勢　一歩踏み出すように片方の脚をもう一方の脚の少し前に出して楽に立つ。腕はリラックスして体側に構える。このドリルには、立った姿勢からスタートする方法の他に、パフォーマンス効率を高めるために歩行からスタートする方法とランニングからスタートする方法がある。また、ストライドのテク

ニックの加速 – 再加速を強調するために着地方法を変化させる方法がある（例えば、右右左、左左右、右右左左）。

進め方　後脚で地面を押し、できるだけ高く遠くへ着地するように前脚の膝を前上方に引き上げる。着地した脚で地面を蹴って繰り返す。足関節は背屈して固定し、踵を腰の下に引きつけ、接地時間を短くしてヒップ・プロジェクションの効率を高める。腕のブロッキングは通常のランニングのように行うか、あるいは両腕同時にスイングする。

ドリル 28　ラテラル・バウンド（複数反応）

概要　このドリルは平地で実行することもできるし、アングル・ボックスまたは同様の傾斜を利用しても実施可能である。実施に際しては膝と足首を安定させる筋群の他に、大腿部の内転と外転に関与する筋群の働きが強調される。このラテラル・バウンドはほとんどすべてのスポーツにとって効果があるが、特にスケーティング、アイス・ホッケー、ノルディック・スキー、テニス、バスケットボール、そして野球にとって優れた効果を示す。

開始姿勢　このドリルの1回反応バージョンと同じ姿勢から開始する。アングル・ボックスや傾斜を使う場合は、広めの一歩分程度離して片側だけに置く。

進め方　外側の足を押し出して横方向にできるだけ遠くまで跳ぶ。着地すると同時に反対方向に突き放す。素早くパワフルに最初の位置まで戻る。この左右の動きを続ける。

ドリル29　交互レッグ・ダイアゴナル・バウンド

概要　バウンディング・ドリルのバリエーションの1つで、カット（ランニング中に外側の足を踏み込んで急激に方向転換すること）のためのトレーニングになる。前方への距離と同時に角度をつけて側方へ移動する距離を大きくするための能力を高める。

開始姿勢　通常のバウンディングと同じ姿勢から開始する。

進め方　交互レッグ・バウンドと同じ方法で行うが、前だけでなく横移動の距離が長くなるようにする。

ドリル30　ボックス・スキップ

概要　20〜60cmの高さのボックスが2〜4個必要となる。このドリルは、陸上競技、バスケットボールそしてバレーボールといった跳躍動作が含まれる競技の上級レベルの選手が、より進んだ段階で用いるショック法の1つである。

開始姿勢　18〜30cm間隔でボックスを並べる。ボックスの高さは自由にアレンジするとよい。最初のボックスに向かって2歩離れて立つ。一方の脚を少し後に引いて腕はリラックスして体側に下げる。

進め方　後脚で地面を蹴り、腰をできるだけ高く持ち上げるようにする。蹴り脚の爆発的な伸展を助けるように両腕のブロッキングを使い、前脚の膝を高く引き上げる。ボックス上への着地と同時にもう一方の脚を前上方向に引き上げながら、最大の高さと距離を得るべく強く押し蹴る。最初のボックスからリープするための運動量を得るためにこの動作を使う。最初のボックスと2番目のボックスの間の地面への着地は、最初のボックスに着地したのと同じ脚で行い、次のボックスへと踏み切る。したがってスキップの動作となる。このスキップの動作を最後のボックスまで続ける。踏み切りと膝の振り上げに集中しつつ、素早い最大の力によって身体を持ち上げ、滞空時間が長くなるようにする。

ドリル31　ボックス・バウンド

概要　前項のドリルと同じボックスを用いて、スプリントとジャンプのための筋群に対してより大きな抵抗をかけることができる。このエクササイズはショック法によるものである。したがって、高度なトレーニングを積み重ねてきた経験豊富なハイレベルの競技選手の進んだ段階で用いるようにする。このエクササイズがバウンディング系列の最終段階に位置づくのはそのためである。

開始姿勢　交互レッグ・バウンドと同じ姿勢をとり、最初のボックスの2～3歩手前に立つ。ボックス間の距離は選手のテクニックと能力を考慮して決める。

進め方　交互レッグ・バウンドと同じであるが、ステップが交互にボックス上から行われる点が違う。直立姿勢を維持し即座のヒップ・プロジェクションができるような着地と足の着き方を強調する。ストライド幅が広くなりすぎたり、ボックスの上に腰を引き上げるような着地にならないように注意すること。

7. ホップ (ドリル 32 － 43)

ドリル 32　ダブル－レッグ・ホップ前進

概要　ホップのエクササイズを正しく行うためには、指導の順序とパフォーマンスの段階を守る必要がある。踏み切りと着地の正しいテクニックを習得し、常にその正しいテクニックを使わなければならない。初期段階のテクニックの養成には、コーンや小さなハードルを使うと効果的である。

開始姿勢　3～5個のハードルを約90cm離して並べ、そのすぐ前にやや膝を曲げ腕を体側に下げてリラックスした姿勢で立つ。

進め方　素早いカウンタームーブメント・ジャンプを行い、股関節を伸ばして高く跳ぶ。脚の完全伸展の後すぐに、つま先と膝と踵を上に抱え込み、前に回転させるようにしてハードルをクリアする。腕のブロッキングを用いて直立姿勢を維持する。トレーニングの段階としては最初に1回反応ホップから行う。

1つ目のハードルをクリアしたら足裏全体で着地し、膝関節と股関節の力を抜く。この着地の後、小休止をとり、身体の姿勢、構えおよび次のハードルとの位置関係をリセットする。そして次のホップを行う。このリセットにより着地と踏み切りのテクニックが修正されていく。

ポーズつき複数反応ホップ

　あらゆるスポーツ動作においていかにうまく踏み切れるかは、その踏切の直前にいかにうまく着地できるかによって決まる。この段階では、できるだけ正確な着地姿勢でごく短時間の小休止を入れたホップを行い、下半身や上半身の姿勢をリセットすることなく次の踏み切りに入る。ポーズを入れての踏み切りがうまくこなせるようになったら、複数反応ドリルに進む（ドリル33のダブル-レッグ・スピード・ホップ）。

ドリル 33　ダブル-レッグ・スピード・ホップ

概要　このエクササイズは脚および股関節筋群のスピードとパワーを養成するためのものである。爆発的な力を発達させ、特にランニングで必要とされるスピードの発揮に必要なテクニックを習得するために役に立つエクササイズである。

開始姿勢　ダブル-レッグ・ホップの各段階と同じ姿勢から開始する。

進め方　ダブル-レッグ・ホップの各段階で行ったのと全く同じようにして動作を開始する。常に着地すると同時にただちに脚を回転させながら素早く上方に踏み切って行く。動作をできる限り速く実行する。高くかつ遠くへ跳ぶことが重要であるが、反復のスピードを犠牲にしてはならない。

ドリル34　漸増垂直ホップ

概要　このエクササイズを行うためには、4～5mのロープか弾性チューブが必要である。一方の端を目の高さの壁やポールに結び、もう一方の端を地面の高さに固定する。このドリルは下肢の爆発的な回転運動中の姿勢の安定性に役立つので、すべての活動にとって有益である。

開始姿勢　ロープやチューブが固定されている壁やポールに向い、その低いほうの端のすぐそばに足を揃えてリラックスした姿勢で立つ。腕は身体を持ち上げるためのブロッキングの準備をする。

進め方　ロープやチューブをホップして左右に跳び越えながら、クリアできる一番高い箇所まで前進して行く。膝は前そして胸に抱え込むように引き上げ、足はおしりの下に引き付ける。できるだけ高いところまで前進してそのセットを終える。

ドリル35　サイド・ホップ

概要　このエクササイズは45〜65cmの高さのコーンを2個使用する。ここで実施する運動は、脚と股関節による特に爆発的な横方向へのパワーを強化する。横への動きのあるすべての活動にとって有効なドリルである。

開始姿勢　約60cm離してコーンをセットする。この距離はパフォーマンスが向上するにしたがって広げて行くことができる。1つのコーンの外側にリラックスして立つ。両足を揃えてまっすぐ前を向いたまま、身体を持ち上げバランスをとるために腕を振り上げる準備をする。

進め方　開始姿勢から最初のコーンを横に跳び越えるために踏み切り、続けて2つ目を跳び越える。躊躇することなく直ちに方向転換し2番目のコーンを反対側から踏み切り、続けて最初のコーンも跳び越え、もとの位置に戻る。この行ったり来たりの動きを反復する。身体を引き上げた姿勢を維持するために、腕を上に突き上げるブロッキングを使う。

ドリル36　サイド・ホップ－スプリント

概要　このドリルを行うためには、低めのベンチ、バッグ、タックル用ダミーといった跳び越えるための障害物を1つ用意する。これは連続ホップから短い距離のダッシュを行うコンビネーション・エクササイズであり、急激な方向転換に必要なコーディネーションをトレーニングするものである。テニス、バスケットボール、野球、アメリカン・フットボール、その他方向転換が必要なさまざまなスポーツに適用することができる。

開始姿勢　バッグの横に足を揃え、前を向いて立つ（より進んだ段階では、バッグに背中を向けてつま先をバッグとは反対方向に向けて立つ）。

進め方　最初に、バッグをあらかじめ決められた回数（通常は6回程度）左右に反復ホップする。できるだけ効率よく素早いホップをすること。このホップで重要なことは高さではなく速さである。正しい動作の実行にとって姿勢が最も重要である。胴体と腰をバッグの中央に維持するように集中する。ホップの最後の1回を予測し、スプリントのスタート姿勢で着地して、決められたラインを越えるまで前方に加速する。バッグを幾つか並べて複数の選手が同時に実施することで競争形式にすることもできる。決められた回数のホップを最初に完了した選手から先にあがってもよいという具合である。

ドリル37　アングル・ホップ

概要　このドリルは連続ホップ用のアングル・ボックスや類似した道具の上で実施する。ホップをしている間に動いたりずれたりしないようしっかりと地面に固定されているものを選ぶようにする。アングル・ホップによってバランスと側方への動きが改善される。特にアルペン・スキー、テニス、アメリカン・フットボール、体操競技などに有効である。

開始姿勢　ボックス上の1つの斜めの部分にリラックスして立つ。

進め方　素早い横方向への動きを意識しながら、ボックスの1つの面から次の面へ横向きのままホップする。うまくできるようになればホップの距離を長くしていく。腕のブロッキングでバランスをとるようにする。

ドリル38　シングル-レッグ・バット・キック

概要　このドリルは一方の脚だけを用いて行う多くの爆発的な運動のうち、最初に実施するものである。すべてのスプリントと片脚でのジャンプ動作に対して有益である。また、選手の片脚による運動の姿勢、バランス、安定性そして柔軟性を見極めるための優れたドリルでもある。

開始姿勢　膝を少し曲げ、胸を張って、肩を引いて真っ直ぐに立つ。一方の脚を持ち上げ、踵をおしりのやや後方に引きつける。

進め方　素早いカウタームーブメント・ジャンプにより、股関節を伸展して垂直に跳び上がり、脚が完全伸展するやいなや、膝を折りたたんでつま先と踵をおしりのやや後ろ側に引きつける。膝の前上方向への引き上げは最小限にし、腹部に抱え込まないように気をつける。腕のブロッキング動作を用いて直立姿勢を維持する。最初は1回反応、次にポーズつきの複数反応、そして複数反応へと段階的に進めていく。一方の脚だけで決められた回数を連続して実施し、その後で脚を換えて同じように実施する。

ドリル39　シングル‐レッグ・ホップ前進

概要　ダブル‐レッグ・ホップ前進に適用されたのと同じ進行段階が、ホッピングという用語で最も一般的に実施されているこの片脚でのホッピングにおいても適用される。適切な姿勢、バランス、安定性、そして柔軟性の評価が片脚での着地と踏切にはよりいっそう必要となる。

開始姿勢　膝をやや曲げ、腕は体側に下げてリラックスした立位姿勢をとる。片方の脚だけで完全にバランスをとるようにする。もう一方の膝は曲げて身体の前に持ち上げ、つま先を上げる。踵は腰の下に引き付けた位置でキープする。

進め方　身体を持ち上げて前方に駆動するために、脚を振り込むことによる反動効果を利用して、ダブル‐レッグ・ホップ前進と同じようにしてこのシングル‐レッグ・ホップ前進を行って行く。

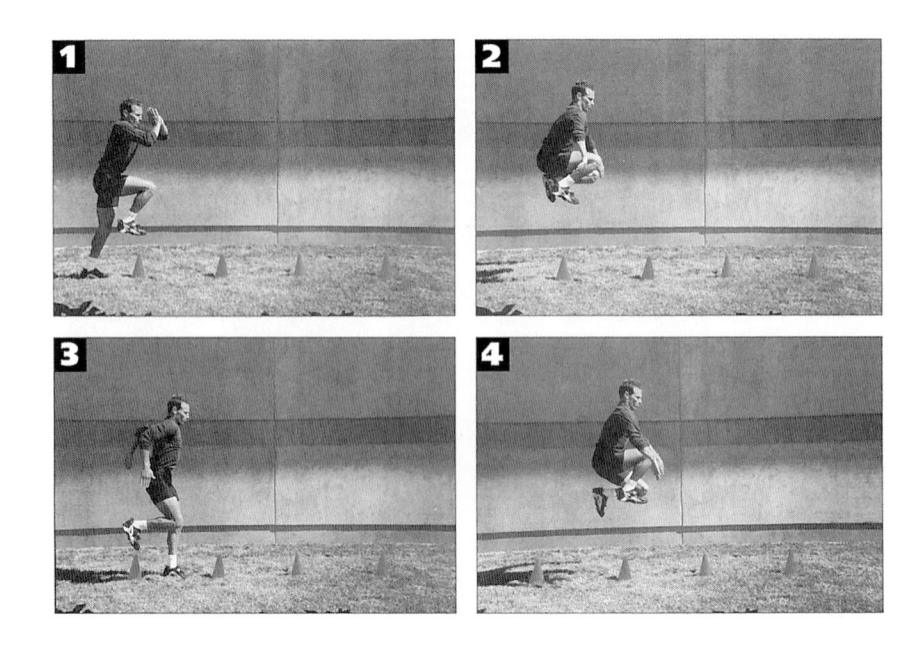

ドリル40　シングル‐レッグ・スピード・ホップ

概要　本来のホッピングの複数反応バージョンが、スプリントの爆発的、反動的、周期的動作を発達させるための究極のドリルとなる。要求されることはシングル‐レッグ・ホップ前進と同じである。

開始姿勢　シングル‐レッグ・ホップ前進と同じ姿勢から始める。

進め方　高さと距離を得るために、素早くかつ十分爆発的に行われる回転運動を複数反応で行う。正しく実行するためには、足関節の固定、踵の引き上げ、そして素早い振り戻し動作が必要とされる。

ドリル 41　シングル‐レッグ・ダイアゴナル・ホップ

概要　このドリルは、踏み切りと着地において側方への安定性が必要となるため、シングル‐レッグ・ホップ前進よりはストレスが若干高くなる。

開始姿勢　シングル‐レッグ・ホップ前進と同じ姿勢で始める。

進め方　踏み切り足のつま先の方向に対して45度内側または外側へのヒップ・プロジェクションを行う。進めて行く段階としては、まず1セットを3〜5回の反復で外側だけ行う。次に内側だけ行い、最終的に内側と外側に連続して行ったり来たりして行う。

ドリル 42　シングル-レッグ・ラテラル・ホップ

概要　これは側方への動きのための優れたドリルであり、競技動作におけるスピードあふれるパワフルなカットの動きを改善する。

開始姿勢　シングル-レッグ・ホップ前進と同じスタンスで構える。

進め方　踏み切りにおいて身体をまっすぐ向けたまま真横の方向へのヒップ・プロジェクションを行う。そして垂直に身体を持ち上げながら脚の回転運動を行い、1セット3〜5回続ける。踏み切り足の外側に向かって、内側に向かって、あるいはまた外側と内側に連続して行ったり来たりする。

ドリル 43　デクライン・ホップ

概要　約1～3度の斜度がある芝生の傾斜地を選ぶ（決して階段、観覧席、濡れて滑りやすい場所では行わないように）。このドリルは、筋に対する衝撃を増大させ、下降の運動量を用いてスピードを増加することにより、下半身における弾性的反応性を発達させる一種のオーバー・スピード法によるドリルである。

開始姿勢　坂の上から進行方向に向かって、クォーター‐スクワット姿勢をとる。

High-Powered Plyometrics

進め方 他のすべての前方へのホッピング動作と同じ要領で行う。しかし、この下り坂に向かってのホップでは、動作を反復する頻度とスピードに対する要求がさらに強くなる。シングル-レッグ・デクライン・ホップ（写真1b－3b）を行うのは、必ず他のすべてのホップ・ドリルを習得した後にすること。

第4章　下半身、脚、および股関節

ドリル44　インクライン・リカシェット

概要　リカシェットを行うには、階段やスタジアムの観覧席が必要である。階段は表面が詰まっていなければならない。つま先や足が引っ掛からないように、隙間がある階段での実施は避けること。このエクササイズは、無負荷または「オーバー・スピード」状態での、反射的な素早さを訓練するために考案されたものである。速いフットワークを必要とするすべてのスポーツにとって効果的なドリルである。

開始姿勢　足を揃えて腕は体側に下げて肘を曲げ、リラックスした直立姿勢をとって、階段の下を向く。

進め方　つまずかずに出せる範囲での最高の速さで階段を1段ずつ素早く上って行く。腕でバランスをとって親指を上に向けておくようにする。そしてステップからステップへの爆発的動作を腕の動きで助けるようにする。素早さがこのドリルで最も重要な要素である。その意味でリラクゼーションが強調されるべきである。連続する階段のステップ上での速いホッピングやステッピングを予測して行うことが重要である。自分の足が軽くなったと思って実行するとよい。リカシェットのバリエーションとしては、右または左に斜めに上って行く方法や、完全に階段に対して真横を向いて行う方法などがある。リカシェットは写真1－2のように足を揃えて行うこともできるし、写真3－5のようにキャリオカ・ステップで1段ずつ腰を反対方向に回転して行うこともできる。また1段につき4歩ずつ連続していくこともできる。進んだ段階ではシングル・レッグでの実施も可能である。

第5章
体幹と上肢

運動は、パワー・チェインの流れに沿って、体幹から胴体、肩甲帯、肩、そして腕へと伝わっていく。ここで言う体幹とは、身体構造上の中心部、特に腹部と腰背部である。そして胴体とは、胸、肩、骨盤を含めた体幹部である。体幹のためのドリルは、姿勢、バランス、安定性そして柔軟性を高める。それによって、すべてのスポーツ活動にみられる屈曲、伸展そして回旋のテクニックと胴体全体で発揮されるパワーが改善されるのである。

1. トレーニングの動作と方法

体幹のトレーニング動作は以下に示すカテゴリーに分類できる。
- スウィング：これは体幹の左右方向、水平方向そして垂直方向への動きであり、肩と胸と腕の動きを伴う。
- ツイスト：胴体の左右への側屈または回旋のいずれか（あるいはその両方）であり、肩と腕の動きは主要なものとしては含まれないが、骨盤と脊柱の回旋が含まれる。
- トスとパス：胴体の上部と腕を投げ出すような運動が頭の前または下（またはその両方）で行われる動きを言う。トスでは、スウィングとツイストおよびこれらが機能解剖学的に組み合わさった運動も行われる。
- スロー：胴体の上部と腕を投げ出すような運動をさす。腕の運動は頭上で行われたり、頭を越すように行われたり、頭上を横切って行われたりする。

2. ターゲットとなる筋群

多くのスポーツにおいて、股関節と脚で生み出されたパワーが身体の中心に伝達され、その結果として胸や肩や背中そして腕のアクションが生じるのを観察することができる。投げること、受けること、押すこと、引くこと、そして振ることは主に上体の活動であるが、これらの運動を注意深く観察すると、最初のパワーを生み出し伝達し体重を支え体重を移動させバランスを取るために重要なのは、体幹と股関節と脚であるということがわかる。

突き出し、投げ、打突、パス、スウィング、これらすべての動作には様々な上体の筋群が関与している。これらの運動系列は、腕の運動の相対的な貢献の度合いによって区別される。機能解剖学的に見れば、これらの運動はどれもよく似ており、腕の屈曲と伸展ならびに外転の統合された動きである。それらはまた、屈曲と伸展において腕と肩甲帯を支持する動きを伴う。

3. 体幹（ドリル 45 − 58）

最初に体幹のためのドリルを 15 種類（表 5-1）、次に上体のためのドリルを 9 種類（およびそのバリエーション）示す（表 5-2,P126）。

表 5-1　体幹のドリル

連続体の尺度			
低強度	中強度	高強度	ショック法
MB オーバー＆アンダー MB ハーフ・ツイスト MB フル・ツイスト シャベル・トス MB スクープ・トス	バー・ツイスト ツイスト・トス MB スクープ・スロー フロアー・キップ 水平スウィング	垂直スウィング レッグ・トス MB スクープ・トス（連続） 連続ホップからのオーバーヘッド・スロー 連続ホップからのアンダーハンド・トス	

（MB= メディシン・ボール）

ドリル 45　メディシン・ボール・オーバー＆アンダー

概要　このドリルの目的は、体幹の屈曲と伸展をする際に、バランスの取れた姿勢を維持し、安定した動きの流れを作ることである。このことが後で行うトスとスローのエクササイズのための準備となる。

開始姿勢　2～7kgのメディシン・ボールを用いる。足は肩幅に開いて、背中をパートナーか壁に向けて立つ。両方の足裏全体を地面につけて膝は軽く曲げておく。腕をしっかり上に伸ばして胸を張り腰をそらせる。

進め方　足裏全体をしっかりと地面につけて胸を張った姿勢を維持しながらボールを頭の上と両脚の間から前後に受け渡す。10～15回を1セットとして、上下の受け渡し方向を交替しながら数セット実施する。

ドリル 46a　メディシン・ボール・ハーフ・ツイスト

概要　回旋のバランスと安定性のテクニックを段階的に高めていくために行う最初のドリルである。

開始姿勢　前項のメディシン・ボール・オーバー＆アンダーと同じように、足裏全体を地面につけ、ほぼ肩幅に開いて、膝を軽く曲げ、胸を張る。パートナーと背中合わせに立つかまたは背中を壁に向けて立つ。

進め方　体幹の前にボールを保持し、左右両側からパートナーにパスするか壁にタッチさせる。腰を開き肩を回してボールを受け渡す。回旋の間、姿勢と安定性を強調するが、足裏全体を地面にしっかりと付けたままにしておく。ボールを受ける人は、ボールを渡す相手が回転したのと同じ方向に身体を回してボールを受けること。

ドリル 46b　メディシン・ボール・フル・ツイスト

概要　このドリルでは、さらに回旋の柔軟性と高度な姿勢のコントロールが必要となる。

開始姿勢　開始姿勢は、メディシン・ボール・ハーフ・ツイストと同じである。

進め方　姿勢、安定性、バランスについてはメディシン・ボール・ハーフ・ツイストとほぼ同じであるが、回旋の角度が大きくなるため、柔軟性という点で違いがある。パートナーは、ボールを渡す相手が回転したのと逆の方向に身体を回してボールを受ける。

ドリル47　ショベル・トス（1回反応）

概要　このドリルは体幹を伸展させるエクササイズであり、股関節と肩関節に強調点が置かれる。スターティング・ブロックから跳び出したり、構えの姿勢から爆発的に跳び出したりする必要のあるすべてのスポーツ選手にとって優れたドリルである。

開始姿勢　2～7kgのメディシン・ボールを用い、両膝を地面につき、ボールを両膝のすぐ前に置いた姿勢から始める。胸を張って腰を高い位置で後方に引く。そして肩をボールよりも前に出す。

進め方　両腕を伸ばしリラックスさせ、すばやく股関節を突き出し、体幹を伸展させながら、すくい上げるような、あるいはシャベルで掘るような動きで、できるだけ遠くまでかつ速く飛ぶようなライナー性のボールをトスする。トスの後は腕立て伏せの姿勢で身体を支える。股関節と肩関節を完全伸展させ、決して腕だけの動作にならないよう注意する。

ドリル 48a メディシン・ボール・スクープ・トス（1回反応）

概要 この伸展エクササイズでは、下半身の安定性と、身体を高く持ち上げるための伸展動作のフォロー・スルーを強調する。オリンピック-スタイル・リフティングの引き上げ動作（スナッチやクリーンなど）ときわめて関連性の深いエクササイズである。

開始姿勢 ハーフ-スクワット姿勢から、両手の指を開いてメディシン・ボールの両側をつかんで持ち、両脚の間の地面に置く。腕を伸ばし、顔を起こし背中をまっすぐにする。

進め方 腰を前方に突き出す動作から開始する。腕をまっすぐ伸ばした状態で肩を上方へ引き上げる。身体もボールも最高の高さまで持っていくつもりでボールを上へすくい上げること。ボールをいったん地面に落下させ、再び最初から繰り返す。

ドリル 48b　メディシン・ボール・スクープ・トス・バリエーション

進め方　次の段階では、立った姿勢で腕を伸ばして腰の下あたりにボールを保持する。そして一旦沈み込み、すばやいカウンタームーブメント・ジャンプの動作でボールをトスする。腕を伸ばしたまま肩の真下からボールをトスするようにする。股関節と膝関節を曲げたカウンタームーブメント・ジャンプにより、力強い伸展とボールのリリースを行う。

ドリル 49　バー・ツイスト

概要　このドリルでは10〜25kgのバーを用いる。わずかに肩の動きを伴うが、腕の動きは関与させないようにして、体幹の筋群による運動に集中すること。負荷のかかった運動方向に対して素早くそして強力に打ち勝つ能力を発揮する回旋系のエクササイズの中でも最初に行うものである。フットボール、野球、ソフトボール、ゴルフ、そして陸上競技における投げる動作とスウィング動作に対して極めて応用度の高いドリルである。

開始姿勢　直立してバーを肩に乗せ両手でしっかりと保持する。手の位置はできるだけバーの中心から離すようにする。膝を曲げて足は肩幅より少し広くなるようにする。

進め方　上体を一方向に捻る。そして体幹が完全に回旋しきる前に逆方向への動作を開始する。思い切ってバーを回しこみながらこの動きを反復する。膝を曲げ体幹の直立姿勢を維持する。それにより、バーの運動量に耐え、打ち勝つために体幹の筋群を集中的に使えるようになる。

ドリル 50　ツイスト・トス

概要　このエクササイズで用いるメディシン・ボールの重さは5〜7kgが理想的である。それにより身体の回旋に関与するすべての体幹筋群を働かせることができる。ツイスト・トスは投げるためのトレーニングとしても、スウィングするためのトレーニングとしても応用できる。

開始姿勢　ボールを腰の高さの身体のすぐそばでスウィングする。膝を曲げ足幅は肩幅よりも少し広めにする。

進め方　トスしようとする方向とは逆の方向に体幹を素早く捻る動作から開始する。この最初の動作を、素早くかつパワフルな反対方向への体幹の捻りで急激に停止させ、捻り戻しが最大となったところでボールをリリースする。投げる方向に捻る前の素早い反動動作と切り替え動作に集中する。肩や腕だけでなく両脚の股関節を使うようにする。

ドリル 51　メディシン・ボール・スクープ・スロー

概要　メディシン・ボール・スクープ・スローはメディシン・ボール・スクープ・トスの次の段階に位置するドリルである。ボールを身体後方の最大距離に到達させるため、ボールのリリース・ポイントまで体幹を伸展させ、すくい上げ動作のフォロースルーをしっかり行う。

開始姿勢　まずハーフ - スクワット姿勢をとる。ボールは両脚の間の地面に置き、両側からつかむ。腕を伸ばし顔を起こし背中をまっすぐにする。

進め方　腰を前に突き出し、腕をしっかりと伸ばしたまま、肩を後ろに移動させる。身体を持ち上げながら、ボールを後ろにすくい上げるようにして、できるだけ遠くまで飛ぶようにボールを送り出す。後方へのボールの飛距離を強調する。

ドリル 52　フロアー・キップ

概要　レスリング用マットや芝生のような柔らかくて平らな場所が必要である。フロアー・キップには、体幹全体および腕や脚など周辺の筋群が関与する。このエクササイズには高いレベルのコーディネーションと、身体全体の爆発的パワーが必要とされる。特に体操競技、レスリング、ウエイトリフティング、そして高飛び込みに効果がある。

開始姿勢　両脚を揃え、足関節を背屈して腰をおろす。

進め方　両脚を揃えて伸ばしたまま、後ろ回りをする時のように足が頭を越えるまで背中を後方へ丸める。同時に両手のひらを下に向け指を伸ばして頭の両側に着ける。身体は力を貯め込んだような状態になる。両手で地面を押しながら両脚を急激に前上方向に伸展してパワー発揮の局面を開始する。この状態から腰と腕を前に伸ばしながら、着地を予測して脚を曲げて身体の下に持ってくる。着地はハーフ‐スクワットの姿勢となる。最初の後ろ回り姿勢からの力を貯め込む姿勢までをゆっくりと行うとよい。全身を用いて爆発的に上方向へ跳び出すことに集中する。身体がいったん放たれたならば、今度は腰と腕をすばやく前方に移動することを意識する。

ドリル 53　水平スウィング

概要　このエクササイズを行うには、7〜10kgのダンベルか取っ手のついたウエイトまたはハンドル付のメディシン・ボールが必要である。このドリルは体幹のパワーを発達させるための優れたドリルであり、特に野球、ゴルフ、ホッケー、フットボール、水泳、砲丸投げ、円盤投げ、そしてハンマー投げに応用することができる。

開始姿勢　足と腰をまっすぐ正面に向けて楽な姿勢で立つ。腕を伸ばして肘はほんの少しだけ曲げる。ダンベルを胸の高さで両手で保持し、身体の正面で構える。

進め方　膝を曲げながら肩と腕を一緒に一方の側に引き込むことによる回転運動から始める。大きくなった運動量による動きをもう一方の肩と腕を反対方向に引き付けることによって急停止させる。この急停止の動作は体幹が一方向に完全に回ってしまう前に開始する。つまり、一方向への運動量を逆方向へのプライオメトリクス的な反応を引き出すための負荷（力を貯め込む動作）として利用するのである。体幹や脚と同様に肩や腕も使うようにする。

ドリル54　垂直スウィング

概要　水平スウィングと同様に、7～15kgのダンベルか取っ手のついたウエイトまたはハンドル付のメディシン・ボールあるいはこれに類する重量物が必要である。水平スウィングにおけるスポーツ競技への応用性に加えて、この垂直スウィングは、ウエイト・リフティング、ノルディック・スキー、レスリング、バレーボール、そして水泳にとって有効である。

開始姿勢　ダンベルを両手に保持して立ち、左右に開いた両脚の間から肘を伸ばして下げておく。背中をまっすぐにして顔を起こす。

進め方　腕を伸ばしたまま、最初にダンベルを上に振り上げる。次に下に降ろす。一方向への運動量に対して、逆方向への運動を開始するための強力なブレーキングによって抵抗を加える。

ドリル 55　レッグ・トス

概要　4〜8kgのメディシン・ボールと水平のクロスバー、懸垂用のバー、または鉄棒が必要である。このエクササイズには身体全体が関与し、体幹全体と脚、腕のすべてに影響を与える。高飛び込み、フットボール、体操競技、キックを行うすべてのスポーツに応用できる。

開始姿勢　足が地面すれすれに触れる高さの鉄棒に両手でつかまる。パートナーは2〜3m離れてメディシン・ボールを転がす準備をする。

進め方　パートナーが、鉄棒にぶら下がった相手に対してメディシン・ボールを転がす。足がボールに触れたなら、それを足で受け、反対方向への脚の強力なスウィングと股関節の屈曲によって、転がってきたボールの運動量を受け止めて切り替えす。脚をしっかりと伸ばし、股関節を使って、ボールに対抗する力を生み出すように集中する。パートナーが、返されたボールを受けて繰り返す。

ドリル 56 メディシン・ボール・スクープ・トス（連続反応）

概要 このメディシン・ボール・スクープ・トスは、ボールを最大の高さまで投げ上げるメディシン・ボール・スクープ・トスの一段階上のドリルである。この連続反応バージョンは、完全伸展とフォロースルーが高度にコーディネートされた活動であり、ボールを受けてすぐ投げるというすばやい連続的な動きを必要とする。

開始姿勢 ハーフ - スクワット姿勢をとる。ボールを腰の下に保持し両側からつかむ。腕を伸ばして、顔を起こし、背中をまっすぐにする。

進め方 身体とボールを最も高い位置まで送り出すつもりで跳び上がりながら、ボールを上にすくい上げる。このエクササイズではボールの高さを強調する。身体が着地すると同時に、落ちてくるボールを身体の前でキャッチする準備をする。ボールをキャッチしたら、ただちにカウンタームーブメント・ジャンプを行い再びボールを投げ上げて、この連続的なトスを繰り返す。

ドリル57　連続ホップからのオーバーヘッド・スロー

概要　このドリルは屈曲と伸展を交互に行う運動と、その後に続けて行われるヒップ・プロジェクションを結びつけて行う。できるだけ強い反動によって機械的に効率のよい動作で行う。

開始姿勢　メディシン・ボール・スクープ・トスと同じ姿勢から始める。

進め方　カウンタームーブメント・ジャンプで、1～2m前上方向にしっかりと跳ぶ。沈み込みにあわせて腰を脚よりも若干後方に持ってきて、頭の上から後方にボールを投げる準備をする。上後方に膝を伸ばすために膝を曲げる。地面に接触している時間ができるだけ短くなるようにしてボールを投げる。最初の前方へのホップの回数を多くしたり、1回または数回の後方へのホップから投げることができる。

ドリル58　連続ホップからのアンダーハンド・トス

概要　前項のオーバーヘッド・スローとともに、このドリルも交互に行う屈曲動作と伸展動作にヒップ・プロジェクションを結合させるドリルである。陸上競技のスプリント、走り高跳び、走り幅跳び、三段跳び、アメリカン・フットボール、バスケットボール、バレーボールなどで見られるような、すばやい反動からのスタート動作を含むすべてのスポーツにとってすぐれた効果が得られる。

開始姿勢　メディシン・ボール・スクープ・トスと同様の姿勢から始める。

進め方　カウンタームーブメント・ジャンプから、1～2m上前方へ跳ぶ。着地の沈み込みにあわせて、腰を足の上、少し前方に移動させながら、ボールをアンダー・ハンドですくい上げるようにトスをするための体勢を整える。脚を伸ばして跳び出すための準備として膝を曲げる。できるだけ短い接地時間でボールをトスする。前方へのホップの回数を多くしたり、1回または複数回の後方へのホップからトスしたりすることもできる。

4. 上体（ドリル 59 − 67）

　以下に示すメディシン・ボールを用いたドリルは、立位での構え姿勢や、スターティング・ブロックや、飛び込み台からの爆発的な動作を行う選手（アメリカン・フットボール、トラック競技、高飛び込み等々）にとって役立つ。これらのドリルは腰と肩をしっかりと伸ばすこととテクニックを強調することから始める。そしてそれらをフットワークと反応による動作へと結合させていく。

表 5-2　上体のドリル

連続体の尺度			
低強度	中強度	高強度	ショック法
MB チェスト・パス	シットアップ・スロー アーム・スウィング ヘビー・バッグ・スラスト	ヘビー・バッグ・ストローク キャッチ&オーバーヘッド・スロー ドロップ・プッシュ	
プッシュまたはパスの段階的バリエーション　→			
オーバーヘッド・スローの段階的バリエーション　→			

（MB= メディシン・ボール）

ドリル 59　メディシン・ボール・チェスト・パス

概要　このエクササイズは、パートナーとともに 4 〜 8kg のメディシン・ボールを使って行うと効果的である（壁を使ってもできる）。動作はバスケットボールのチェスト・パスの動作にとって特に効果があるが、レスリング、アメリカン・フットボール、砲丸投げにとっても有益である。

開始姿勢　向かい合って立つか、膝まずくか、座る。胸の高さで肘を曲げボールの少し後方を持って構える。パートナーは胸の高さで肘を伸ばしてボールを受ける準備をする。

進め方　パートナーの一人が腕を完全に伸ばしながらボールをすばやくプッシュして投げる。もう一人は、ボールの運動量を受け止めながら腕が完全に曲げられてしまう前に反対方向にプッシュし返す。このときしっかりとフォロースルーするようにする。このボールの往復運動を反復する。

ドリル 60　プッシュまたはパスの段階的バリエーション

概要　以下に紹介するドリルは、メディシン・ボールによるチェスト・パスの段階的なバリエーションである。肘を突き出すための上腕三頭筋を強調するのではなく、肩と腰を伸展して行うプッシュ動作を強調すること。

ドリル 60a　チェスト・プッシュ（1回反応）

開始姿勢　胸を張って両膝立ちをし、腰を高く持ち上げ後ろに引く。ボールのやや後ろ側を両手で持つ。ボールを胸の下に肩を前に突き出して構える。肘は体側に付けておく。

進め方　ボールがライナー性の軌道でできるだけ遠くまで飛ぶように、腰を前方に爆発的に押し出しながらパスを行う。正確な姿勢が突き押し動作とボールの飛距離にとって最も重要となる。完全に身体を伸ばしきることによって効果が高まり、腕立て姿勢でうまく地面を支えるための時間が確保できる。

ドリル60b　チェスト・プッシュ（連続反応）

開始姿勢　1回反応のチェスト・プッシュと同じ姿勢から始める。

進め方　パートナーか壁を使って、膝まずいている選手にボールをバウンドさせて戻すという点以外は、一回反応のチェスト・プッシュと全く同じである。1回反応のチェスト・プッシュと同じ姿勢から身体を突き出し、伸ばしそしてフォロースルーした後すぐに、パスの姿勢に戻る。パートナーか壁によって膝まずいている選手の胸に直ちにボールが戻される。選手は戻されたボールを両手でつかみ、肘は曲げるが、ボールは胸と肩に付けずに、腰と体幹を前に突き出しながらできるだけすばやく爆発的に投げ返す。

ドリル 60c　ツー–ポイントまたはスリー–ポイントの構えからのチェスト・プッシュ

開始姿勢　専門的スポーツ活動やポジションに特有の姿勢をとる。ボールを地面に置くか（スリー–ポイント・スタートのポジションの場合）、身体の近くに保持する。いずれの場合も胸のすぐ下にボールが来るようにする。

進め方　1歩目を踏み出す時は、腰を前に出した姿勢を維持し、胸の位置は低くする。しかし、胸をしっかりと張って、顔を正面に向けておく。これまでのパスのエクササイズと同じ要領でボールをつかむ。オーバー・ストライドにならないように足を身体の下に引き付ける。2歩目で腰を前に引き付けながら体幹を伸ばし、低い弾道でライナー性のボールが飛び出すように爆発的に投げる。ボールのリリース時のステップを前方ではなく、ステップ・バックしながら（アメリカン・フットボールのパス・ブロッキングのように）実行することもできる。いずれの場合も、ボールのリリースは2歩以内で行う。

ドリル 60d　チェスト・プッシュからのダッシュ

開始姿勢　前項の構え姿勢と同じ姿勢から始める。

進め方　前項のエクササイズと全く同じように、オーバー・ストライドにならないよう気をつけながら、最初の2つのステップの姿勢と足の位置から素早い爆発的な前方へのパスを行う。2歩目の踏み出しと同期したボール・リリースに続けて直ちに5〜10mのダッシュをする。種目の特性に応じて様々な方向へ変化をつけて行うとよい。

ドリル 60e 構えからのリターン・プッシュ（1回反応と連続反応）

開始姿勢 構えからのプッシュを行う前述のドリルと同じ姿勢から始める。パートナーは合図があればいつでもボールを投げられるように構える。選手は準備姿勢をとる。

進め方 合図と同時に選手はボールをキャッチするための体勢に出る。両手でボールを受け、低い弾道でのライナー性のボールを爆発的にパートナーに投げ返す。連続反応の中で種目に特有の構え姿勢による動作を複数回にわたって実施することができる。方向を変えたりダッシュと結びつけて実行することもできるであろう。

ドリル 61　オーバーヘッド・スローの段階的バリエーション

概要　メディシン・ボールを全般的なパワーを生み出す能力の改善に用いることは多くの領域できわめて有効である。例えば、野球、ソフトボール、アメリカン・フットボール、サッカー、そして槍投げで使われるオーバーヘッド・スロー動作におけるパワーの改善がその良い例である。

ドリル 61a　仰臥位での片手によるオーバーヘッド・スロー

開始姿勢　背中をまっすぐに地面につけて仰向けになる。足裏全体を地面につけ膝を立てておく。

進め方　体幹のリラックスした姿勢を保ち、投げるほうの腕を伸ばす。パートナーか壁に向かって、ライナー性のボールを投げる。背中と頭を地面につけたままリラックスした状態を保つようにする。腕の動きは肘からではなく肩関節から開始するように注意すること。

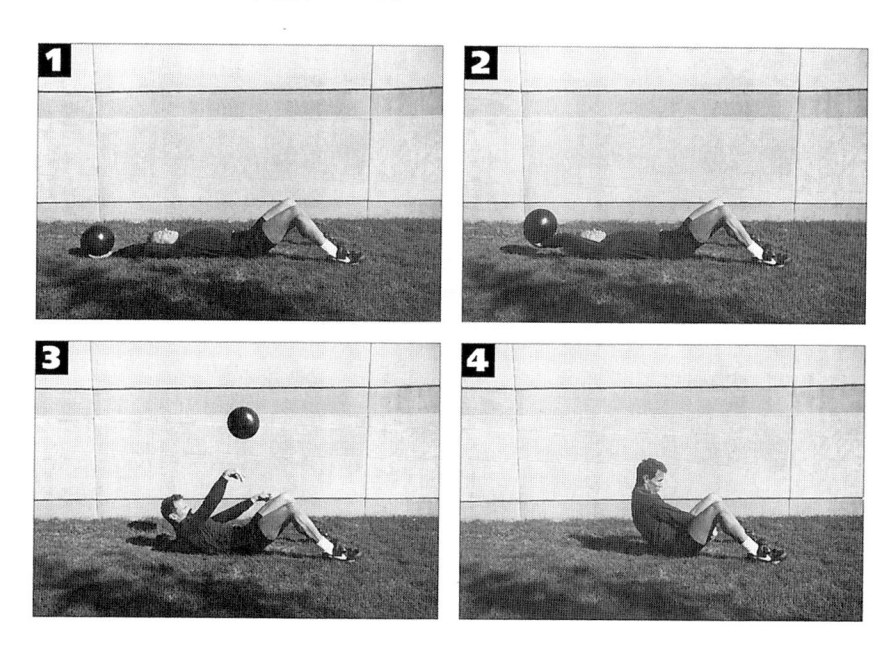

ドリル 61b 仰臥位での両手によるオーバーヘッド・スロー

開始姿勢 仰臥位での片手によるオーバーヘッド・スローと同じ姿勢から動作を行うが、より大きなボールを用いて両手で投げる点だけが異なる。2.5〜4kgのボールが適当である。

進め方 投げる動作の運動量を利用したシット‐アップと投げたい方向への胸の突き出しによってパスを行う。腕を伸ばし、肘をリラックスさせて運動が肩関節で生じるようにする。胸の運動を先行させるようにし、腰を曲げてフォロースルーする。

ドリル61c 膝立ち姿勢からの両手による オーバーヘッド・スロー

開始姿勢 足首をリラックスさせ、足の甲をのばして膝立ち姿勢をとる。

進め方 腰の動きを先行させることとそのフォロースルーを意識させる。腰の前方への突き出しからパスのための動作を始め、体幹上部による鞭打ち動作がその後に続くようにする。最終的には股関節の屈曲動作が生ずる。腕をリラックスさせ、肘は少し曲げておく。胸で動作をリードし、肩、肘、手首の運動がそれに続く。

ドリル 61d　立位からの両手によるオーバーヘッド・スロー

開始姿勢　両足に対して均等に体重をかけた立位姿勢をとる。

進め方　膝立ち姿勢からの両手によるオーバーヘッド・スローと同じようにしてパスを行う。膝を屈曲することから動作を開始し、腰の突き出し、体幹の鞭打ち動作へと続け、最後のフォロースルーで身体がわずかに空中に浮くようにして投げる。

ドリル 61e　ステップからの両手による
オーバーヘッド・スロー

開始姿勢　立位からの両手によるオーバーヘッド・スローと同じ構えから始める。

進め方　今度は1歩踏み出すことによって動作を開始する。このステップ動作は、前に向いたまま行うだけではなく、横向き姿勢から腰を回旋させながら突き出すオープン・ステップのテクニックを使って行うこともできる。リードする前足で投げる方向に向かって踏み出し、腰を突き出し、そして後ろ側の脚で地面を押しながら体幹の鞭打ち動作を行うようにする。

ドリル 62　シット-アップ・スロー

概要　このドリルでは4〜8kgのメディシン・ボールをパートナーか壁に向かって投げる。このエクササイズは体幹上部の屈曲に直接的な負荷をかけるものであり、すべてのスポーツ活動に対して応用できる。

開始姿勢　パートナーと向き合うか壁に向かって地面の上に座る。体勢を安定させるためにお互いの脚を組むか、ひとりでやる場合は固定する。腕を伸ばして頭の上でボールを保持する。

進め方　両手で頭の上を越してボールを投げあう。ボールを受けるとき、ボールの運動量によって体幹が後ろに押しやられてショックが吸収される。この後方への動きに対して腹筋を使って抵抗し、ボールを投げ返す動作を開始する。腕や肩ではなく、体幹の筋群でボールを加速することに集中する。ボールの軌跡がうまくパートナーの頭の上の位置に達するように狙って投げること。それによって動作半径が大きくなり、より大きな運動量が生み出される。腕は頭上に伸ばしたままにしておく。

ドリル63　アーム・スウィング

概要　このドリルでは、5〜20kgのダンベルかそれに類する重量物を使う。これによって、肩と腕の筋群を動員させクロスカントリー・スキーにおける腕の交互動作を模倣する。

開始姿勢　両手にダンベルをしっかり握り、楽な姿勢で足を軽く開いて立ち、腕は体側に下ろす。頭をまっすぐにして肩をわずかに前に傾ける。

進め方　片方の腕を頭の上まで振り上げ、もう一方の腕は身体の後ろに振る。それぞれの腕が最大位まで伸ばされる前に、逆方向への動きを開始することによって、最初の運動量に対抗する。この交互スウィング動作を20〜30回繰り返す。運動パターンのバリエーションとして、ダンベルを保持した腕の肘を半分くらい曲げて行うこともできる。

ドリル64　ヘビー・バッグ・スラスト

概要　このエクササイズを行うには、ロープやケーブルで吊るされた重いパンチング・バッグが必要となる。体幹と四肢における回旋と伸展のコーディネーションのエクササイズである。円盤投げと砲丸投げの選手、アメリカン・フットボールのラインメン、そしてバスケットボール選手にとって特に役立つドリルである。

開始姿勢　身体の半分がパンチング・バッグに正対するようにして立ち、バッグ側の足を後方に引く（競技特性に合わせてこの足の位置を逆にすることもできる）。内側の手を胸の高さで指が上向くようにしてバッグを支える。肘は身体の近くに保持して曲げる。

進め方　足を動かさないようにして主に胴体を使いながら、バッグをできるだけ速く身体から遠くへ押し出す。このとき腕と肩が完全に伸び切るようにする。揺れ戻ってくるバッグを指を開いて受け止め、体幹と腕と肩の筋群を用いてブレーキをかける。バッグが元の位置まで戻りきる前にもう一度前に押し出す。ドリルの実行中は常に同じスタンスを維持する。動きのすばやさと爆発力を強調しながら、方向を変えて繰り返す。

ドリル65　ヘビー・バッグ・ストローク

概要　このドリルもロープかケーブルで吊るされた重いパンチング・バッグを必要とする。テニスのストローク動作をシミュレートしたドリルであるが、野球、円盤投げそしてアメリカン・フットボールのトレーニングにも応用できる。

開始姿勢　ヘビー・バッグの横にまっすぐ立つ。足幅は肩幅よりやや広めとする。腕を伸ばして胸の高さで前腕をバッグの後ろに沿わせる。

進め方　腕は伸ばしたまま腰の捻り動作から始め、バッグを前腕で押す。バッグが身体から離れるまで動作を継続する。揺れ戻ってきたバッグを、最初の動作を開始したのと同じ姿勢で受け止める。バッグの加速に用いたのと同じ筋群を使って戻ってくるバッグの運動量を減少させる。そして再び反対方向に大きな力をパワフルに加える。1回ずつ、しっかり腰を捻ってフォロー・スルーすることを忘れないように。

ドリル66 キャッチ&オーバーヘッド・スロー

概要 このドリルは、真の意味で、上体のためのストレッチ-ショートニング・サイクル、またはプライオメトリクスであるということができる。というのは、キャッチの局面が反射的に行われることによって、投げる動作における弾性的-反応性を刺激する原則的なトレーニングとなっているからである。

開始姿勢 オーバーヘッド・スローの段階的バリエーションで用いた、直立姿勢であれば何でもかまわない。

進め方 投げられたボールあるいは跳ね返ってきたボールをキャッチするやいなや、直ちにオーバーヘッド・スローの段階的バリエーションで説明した方法で投げ返す。重要な点は、投げる時と同じバイオメカニクス的姿勢でボールを受けるということである。それにより、安全性が確保され効率がよくなり、その結果トレーニングの目的が達成されるのである。

ドリル 67　ドロップ・プッシュ

概要　このドリルは、反射的応答という言葉の持つ真の意味と、弾性的反応を用いたトレーニングの原則とを体幹上部のプッシュ動作という形態で見せてくれる。

開始姿勢　体幹をまっすぐに伸ばした伏臥位をとり、左右の腕を伸ばして別々に置かれた少し高い台（箱、ブロック、ベンチなど）の上に手をつく。

進め方　適切な段階を踏んでよいテクニックを習得させるために、まず落下と着地から始める。台から落下し、姿勢を崩さないように維持したまま、肩と肘を曲げてショックを吸収する。

次に、2～4セットの落下を行う。この段階では落下に続けて腕立て伏せを1回ずつ正確に行う。さらに、体幹をしっかりと伸ばしたまま腕を完全伸展して、手が地面から離れるような爆発的なプッシュ・アップへと進む。

最後の段階として、落下の後、爆発的に地面を押して再び台の上に戻るというエクササイズを4～8回繰り返す。

第6章
種目別トレーニングの
　　プログラム

爆発的トレーニングの効果を高めるためには、実施しているスポーツに適合するようにドリルを組み立てる必要がある。取り組むべきエクササイズが自分の行っているスポーツに役立つのだということが理解できれば、選手のワークアウトに対する動機も高まり、コーチが個々のワークアウトの方向性を示したり、トレーニング計画の段階を明確にすることも容易となる。この計画を構成するにあたっても、一般から専門、単純から複雑、低強度から高強度そしてショック法へという段階を崩してはいけない。以下に示すワークアウト・プログラムの中には、この段階的計画が、負荷強度の系統性および教育的（指導と学習）ガイドラインに従って構成されている。

　表6-1以下のシートには、ストレス連続体のコンセプトを用いた専門的なプライオメトリクスのプログラムを示している。上の段には、プライオメトリクスのどんなトレーニング・プログラムに取り組むにせよ、プライオメトリクスを行うすべての人がプログラムの基礎として、必ず最初に実施するべき一連のエクササイズを示した。次に、ベスト12種目と名付けた、専門とするそれぞれのスポーツ種目にとって必要な12種類のエクササイズが、それぞれの種目について示してある。表にはこれらのエクササイズを週ごとにどのように進めていくべきかについての指示も含まれている。12週間にわたって完全に最後までやり抜くことも、途中で止めることもできる。選手とコーチは個々の条件に応じて時期を調整してもよいし、トレーニング・サイクルのピリオダイゼーション（第7章参照）の時期区分に合わせてもかまわない。例えば、学年歴が3ヵ月ごとに区切られる大学生のスポーツ選手を指導する場合、途中に休暇を挟むことなく完全な12週間のプログラムを組むことはほとんど不可能である。したがってこの場合は、1週間か2週間もとに戻ってプログラムの続きを継続しなければならない。各列に示したエクササイズはその週の間に2回に分けて実施する。このような実際のトレーニングを行っていくための表が、種目別トレーニング・プログラムである。

　各スポーツのための専門的ドリルの説明にひき続き、それ以外の特別トレーニング・メニューを用意した。これらのドリルは、パワー、安定性などの特定の目的達成のためのエクササイズで構成されている。それぞれいろいろな山や河川の名前が付いている。いずれのプログラムも上級者向けであり、試合期に用いるとよいものになっている。

1. スポーツのための専門的トレーニングのプログラム

　ここで取り上げるスポーツ種目は、普段指導する機会が多いという以外の特別な順序やランキングに従ったものではない。読者が行っている種目がこのリストにないからと言って、決してプライオメトリクスから排除されているわけではない。それぞれのスポーツをよく理解している読者は、本書で示したガイドラインと例を参考にして、自分のスポーツのための専門的トレーニングのプログラムを作成することができるであろう。

- スプリンター、跳躍選手、ハードル選手：7種競技と10種競技の選手
- 投げる種目──陸上競技のフィールド競技、クォーターバック、ピッチャー
- アメリカンフットボールのラインメンとバックス
- バスケットボール
- バレーボール
- 野球とソフトボール
- レスリング
- スキー──アルペンとノルディック
- サッカー──アメリカンフットボールのパンターとキッカー
- テニスとラケットスポーツ
- 自転車競技
- ウエイトリフティング

2. 12週間のコンディショニング・プログラム

　表6-1～6-14（149ページから162ページ）に、各スポーツの専門的なストレッチ-ショートニング・サイクルのトレーニングを進めていくための完全なプログラムを掲載した。各表の最初に示された12種類のエクササイズは「基本プログラム」と呼ばれている。これらのエクササイズは、種目の専門性にかかわらず、すべてのプログラムで共通して用いられる一般的なコンディショニング・ドリルだからである。基本プログラムのドリルは、導入のためのものであり、週を経るにつれてその複雑性と専門性が徐々にステップアップして行く。

3. ベスト12種目

　表を見ればわかるように、プログラムの最初の数週間はほとんどが基本ドリルから構成されており、ほとんどの種目でそのスポーツに固有のドリルは2、3種類しかない。スポーツに固有の専門的ドリルは、各スポーツのためのトレーニングとして最も適した12種類が選ばれている。この12種類のエクササイズが「ベスト12種目」と呼ばれているもの

である。最初の数週間は、これらのベスト12種目に含まれるエクササイズも基本プログラムとして同じ日に実施する。徐々にこれらのエクササイズのいくつかはテクニック・トレーニングとしての役割を担うようになり、ウォームアップとして用いられるものも出てくる。しかし、12週間のプログラム全体としてみれば、それらはトレーニング・プログラムの中身そのものである。自分たちの行っているスポーツ活動を熟知し、本書で考察した原理を適用できるコーチや選手なら、プログラムに他のエクササイズを付け加えたり、他のエクササイズと入れ替えたりしてもかまわない。ここでは、基本ドリルとスポーツ種目の専門的ドリルそれぞれについて12種類のドリルを選択し、それらのプログラムに連続性を持たせるように配列した。表中の数字は、セット数と反復回数を示している（例えば、2セット×4-6回）。すでに述べたように、各週のエクササイズを2回に分けて実施する。その2回のトレーニングの間には、最低1日以上の、弾性および反応性のトレーニングを実施しない日を挟むほうがよいであろう（第3章の休息に関するセクションを参照のこと）。分割の方法としては、その週に行うすべてのエクササイズの量をちょうど半分に分割して2日間で消化するという方法を取ることができる。しかし、プログラムによっては、第3週から第8週にかけて14種類から18種類のエクササイズが計画されているものがある。こういう場合は、1回に実施するエクササイズを2つに分けたほうが効果的であることがわかっている。基本ドリルと専門的ドリルに分ける方法でもかまわないが、より効果的なのは、その日に行うトレーニングのスタイルに合わせるという方法である。例えば、第3週には11種類の基本ドリルが配列されているが、ここでスポーツの専門的ドリルを5種類から10種類行うとしよう。週2日のうち第1日目は、プライオメトリクスの他に、ウエイト・トレーニングとスプリントのトレーニングが行われるとする。第2日目は、プライオメトリクスの他にはスプリントだけを行うとしよう。この場合、第1日目には、基本ドリルの中からリフティングに適したドリルを選んでリフティングとともに実施することができる。例えばポゴ、スクワット・ジャンプ、ボックス・ジャンプ、スプリット・ジャンプ、スター・ジャンプをコンプレックス法によって実施することもできるであろう。そして、プランシング、ギャロッピング、スキッピング、アンクル・フリップ等は第2日目のスプリントのトレーニング日に合わせて行うことができる。こうした分類の仕方を、垂直vs水平による分割と呼んでいる。また、複雑性や強度によって分割する方法が有効であることも確かめられている。基本ドリルと専門的ドリルのうち、複雑性と強度の低いものをウエイト・トレーニングとスプリント・トレーニングの両方がある日に実施し、残りの複雑性や強度が比較的高いものを、スプリント・トレーニングだけが計画されている日に行うという方法である。

表6-1 種目：アメリカンフットボールのラインメン

基本ドリル

エクササイズ	1週	2週	3週	4週	5週	6週	7週	8週	9週	10週	11週	12週
ポゴ	3×10	3×10	3×10	3×10								
スクワット・ジャンプ	2×4-6	3×4-6	3×6-8									
メディシンボール・オーバー＆アンダー、メディシンボール・ハーフ＆フル・ツイスト	3×3	3×4	3×5	3×6	3×6							
ロケット＆スター・ジャンプ	2×4-6	2×4-6	3×4-6		3×4-6							
スプリット＆シザーズ・ジャンプ		2×4-6		3×4-6	3×6-8	3×6-8	3×4-6					
ブランシング	2×4-6	2×4-6	2×4-6	2×4-6	2×4-6							
ギャロッピング	3×10	3×10	3×10	3×10	2×10	2×10	2×10	2×10	2×10	2×10	2×10	2×10
ファースト・スキッピング	3×10	3×10	3×10	3×10	3×10	2×10	2×10	2×10	2×10	2×10	2×10	2×10
アンクル・フリップ	2×4-6	3×4-6	3×4-6	3×6-8	3×6-8	3×6-8	3×6-8	3×6-8	3×6-8	2×8-10	2×8-10	2×8-10
シングル・レッグ・ステア・バウンド						2×8-10	2×8-10	3×10-12	2×8-10			
ラテラル・バウンド		2×4-6	2×4-6	3×6-8	3×8-10	3×8-12	3×8-12	3×8-12				
交互レッグ・ステア・バウンド			2×6-8	3×6-8	3×8-10	3×8-12	3×8-12	3×8-12				

| | 低強度 → | | | 中強度 → | | | | 高強度 → | | | ショック法 → |

専門的ドリル

エクササイズ	1週	2週	3週	4週	5週	6週	7週	8週	9週	10週	11週	12週
ピット・リープ・プログレッション			3×4-6	3×4-6	3×6-8	3×6-8	3×6-8					
インクライン・リカシェット			3×8-12	3×8-12	3×8-12		3×8-12	3×8-12	3×8-12			
メディシンボール・チェストパス・プログレッション				3×4-6	3×4-6	3×4-6	3×4-6	3×4-6	3×4-6			
メディシンボール・スクープスロー・プログレッション					3×4-6	3×4-6	3×4-6	3×4-6	3×4-6	3×4-6		
ニータック・ジャンプ				3×4-6	3×4-6	3×4-6	3×4-8	3×4-8	3×4-8			
パワー・スキッピング					2×4-6	3×4-6	3×4-6	4×6-8		4×6-8		
ダブル・レッグ・ホップ・プログレッション					2×4-6	3×4-6	3×4-6	3×4-6	3×6-8	3×6-8	3×6-8	4×8-10
サイド・ホップ・スプリント								2×4-6	4×4-6	4×4-6	6×4-6	6×4-6
サイド・ホップ								3×4-6	3×6-8	3×6-8	3×6-8	3×6-8
交互レッグ・バウンド								3×4-6	3×6-8	3×6-8	3×6-8	3×6-8
デプス・ジャンプ・プログレッション*										3×3	3×3	3×3
デプス・リープ・プログレッション										3×3	3×3	3×3

*プログレッションとついているエクササイズは、例えばデプス・ジャンプ・プログレッションであれば、まず箱から飛び降りて衝撃を吸収する、次に箱から飛び降りて正しい姿勢をとる、というように、そのエクササイズを進めていく段階全体を指す。当該エクササイズに解説あり。（訳者）

表 6-2 種目：アメリカンフットボールのバックス

基本ドリル

エクササイズ	1週	2週	3週	4週	5週	6週	7週	8週	9週	10週	11週	12週
ポゴ	3×10	3×10	3×10	3×10								
スクワット・ジャンプ	2×4-6	3×4-6	3×6-8									
メディシンボール・オーバー&アンダー	3×3	3×4	3×5	3×6	3×6							
メディシンボール・ハーフ&フル・ツイスト												
ロケット&スター・ジャンプ	2×4-6	2×4-6	3×4-6	3×4-6	3×6-8	3×6-8	3×4-6					
スプリット&シザーズ・ジャンプ		2×4-6	2×4-6	2×4-6	2×4-6							
ブランシング	2×4-6	2×4-6	2×4-6	2×4-6	2×10	2×10	2×10	2×10	2×10	2×10	2×10	2×10
ギャロップピング	3×10	3×10	3×10	3×10	2×10	2×10	2×10	2×10	2×10	2×10	2×10	2×10
ファースト・スキッピング	3×10	3×10	3×4-6	3×6-8	3×6-8	3×6-8	2×8-10	3×6-8	3×6-8	2×8-10	2×8-10	2×8-10
アンクル・フリップ	2×4-6	3×4-6	3×6-8	3×6-8	2×8-10	2×8-10						
シングル・レッグ・ステア・バウンド		2×6-8	2×6-8	3×6-8	3×8-10	3×8-12	3×8-12	3×10-12				
ラテラル・バウンド		2×4-6	2×6-8	3×6-8	3×8-10	3×8-12	3×8-12	3×8-12	2×8-10			
交互レッグ・ステア・バウンド												

専門的ドリル

	1週	2週	3週	4週	5週	6週	7週	8週	9週	10週	11週	12週
リカシェット			3×8-12	3×8-12	3×8-12	3×8-12	3×8-12	3×8-12				
ニータック・ジャンプ			3×4-6	3×4-6	3×4-6	3×4-6	3×4-6	3×4-6	3×4-6			
ダブルレッグ・バット・キック				3×4-6	3×4-6	3×4-6	3×4-6	3×4-6	3×4-6			
ダブルレッグ・ホップ・プログレッション					3×4-6	3×4-6	3×4-6	3×4-6	3×4-6	3×4-6		
サイド・ホップ				3×4-6	3×4-6	3×4-6	3×4-8	3×4-8				
パワー・スキッピング					2×4-6	3×4-6	3×4-6	4×6-8	4×6-8	3×6-8	4×8-10	3×6-8
交互レッグ・バウンド						2×4-6	3×4-6	3×4-6	4×4-6	4×4-6	6×4-6	6×4-6
スタンディング・トリプル・ジャンプ・プログレッション								2×4-6	4×4-6	4×4-6	6×4-6	6×4-6
デプス・ジャンプ									4-8	4-8	4-8	4-8
デプス・リープ									3-6	3-6	3-6	3-6
シングルレッグ・ホップ・プログレッション										2×3-6	3×3-6	3×3-6
シングルレッグ・交互ホップ・プログレッション										2×3-6	3×3-6	3×3-6

低強度 → 中強度 → 高強度 → ショック法

表 6-3 種目：陸上競技のスプリンター、跳躍選手、ハードル選手

基本ドリル

エクササイズ	1週	2週	3週	4週	5週	6週	7週	8週	9週	10週	11週	12週
ボコ	3×10	3×10	3×10	3×10								
スクワット・ジャンプ	2×4-6	2×4-6	3×6-8									
メディシンボール・オーバー&アンダー	3×3	3×4	3×5	3×6								
メディシンボール・ハーフ&フル・ツイスト				3×4-6	3×4-6							
ロケット&スター・ジャンプ	2×4-6	2×4-6	3×4-6	3×4-6	3×6-8	3×6-8	3×4-6					
スプリット&シザース・ジャンプ		2×4-6	2×4-6	2×4-6	2×4-6							
ブランシシング	2×4-6	2×4-6	3×4-6	3×4-6								
ギャロッピング	3×10	3×10	3×10	3×10	2×10	2×10	2×10	2×10	2×10	2×10	2×10	2×10
ファースト・スキッピング	3×10	3×10	3×10	3×10	2×10	2×10	2×10	2×10	2×10	2×10	2×10	2×10
アンクル・フリップ	2×4-6	3×4-6	3×4-6	3×6-8	3×6-8	3×6-8	3×6-8	3×6-8	3×6-8	2×8-10	2×8-10	2×8-10
シングル・レッグ・ステア・バウンド			2×6-8	3×6-8	3×8-10	3×8-12	3×8-12	3×10-12	2×8-10			
ラテラル・バウンド												
交互レッグ・ステア・バウンド		2×6-8	2×6-8	3×6-8	3×8-10	3×8-12	3×8-12	3×8-12				

低強度 → 中強度 → 高強度

専門的ドリル

エクササイズ	1週	2週	3週	4週	5週	6週	7週	8週	9週	10週	11週	12週
ニータック・ジャンプ		3×4-6	3×4-6	3×4-6	3×6-8	3×6-8						
シングル・レッグ・ストライド・ジャンプ			3×4	3×5	3×6	3×6-8						
交互レッグ・バウンド					3×6	3×8-10	3×8-12	3×8-12	3×10+	3×10-12		
ダブル・レッグ・バット・キック					3×6-8	3×6-8	3×6	3×8-10	3×8-10	3×8-10	3×8-10	3×8-10
シングル・レッグ・ホップ・プログレレ				3×3	3×4	3×5	3×6	3×6	3×6	3×6	3×6	3×6
ハードル・ホップ					2×4-6	3×6-8	3×6-8	4×6-8	4×6-8	4×6-8	4×6-8	4×6-8
サイド・ホップ					2×4-6	3×4-6	3×4-6	3×4-6	3×6-8	3×6-8	3×6-8	3×6-8
シングル・レッグ・ホップ・プログレ								2×3	3×3	3×3-5	3×5-7	3×6-8
デプス・ジャンプ・プログレッション									1×3	1×4	1×5	1×7
コンビネーション・ジャンプ&バウンド										3×3	3×3	3×3
ジャンプ&ホップ・デカスロン											2×2	
ボックス・バウンド											3×3	3×3

中強度 → 高強度 → ショック法

表6-4 種目：陸上競技のフィールド競技選手、アメリカンフットボールのクォーターバック、野球の投手

基本ドリル

エクササイズ	1週	2週	3週	4週	5週	6週	7週	8週	9週	10週	11週	12週
ボコ	3×10	3×10	3×10	3×10								
スクワット・ジャンプ	2×4-6	3×4-6	3×6-8									
メディシンボール・オーバー＆アンダー メディシンボール・ハーフ＆フル・ツイスト	3×3	3×4	3×5	3×6	3×6							
ロケット＆スター・ジャンプ	2×4-6	2×4-6	3×4-6	3×4-6	3×4-6							
スプリット＆シザーズ・ジャンプ		2×4-6	2×4-6	3×4-6	3×6-8	3×6-8	3×4-6					
ブラシシング	2×4-6	2×4-6	2×4-6	3×4-6	2×4-6							
ギャロップ・バウンディング	3×10	3×10	3×10	3×10	2×10	2×10	2×10	2×10	2×10	2×10	2×10	2×10
ファースト・スキッピング	3×10	3×10	3×10	3×10	2×10	2×10	2×10	2×10	2×10	2×10	2×10	2×10
アンクル・フリップ	2×4-6	3×4-6	3×4-6	3×6-8	3×6-8	3×6-8	3×6-8	3×6-8	3×6-8	2×8-10	2×8-10	2×8-10
シングル・レッグ・ステア・バウンド			2×4-6	3×6-8	3×8-10	2×8-10	2×8-10		2×8-10			
ラテラル・バウンド			2×6-8	3×6-8	3×8-10	3×8-12	3×8-12	3×10-12				
交互レッグ・ステア・バウンド			2×6-8	3×6-8	3×8-10	3×8-12	3×8-12	3×8-12				

専門的ドリル

エクササイズ	1週	2週	3週	4週	5週	6週	7週	8週	9週	10週	11週	12週
リカシェット	3×8-12	3×8-12	3×8-12	3×8-12	3×8-12	3×8-12						
バー・ツイスト	3×8-12	3×8-12	3×8-12	3×8-12	3×8-12							
ツイスト・トス・プログレッション	3×12-20		3×12-20	3×12-20		3×12-20	3×12-20					
ヘビー・バッグ・スラスト		3×4-6	3×4-6	3×4-6	3×4-6	3×4-6	3×4-6					
ヘビー・バッグ・ストローク		3×6-12	3×6-12	3×6-12	3×6-12	3×6-12	3×6-12					
ショベル・トス		3×4-6	3×4-6	3×4-6	3×6-8							
メディシンボール・スクープトス・プログレッション					3×4-6	3×4-6	3×8-10	3×8-10				
メディシンボール・スクープスロー・プログレッション			2×4-6					3×6-8	3×6-8	3×6-8	3×6-8	
フォワード・スロー・プログレッション					3×4-6	3×4-6	3×6-8	3×6-8	3×6-8	3×6-8	3×6-8	3×6-8
シットアップ・スロー・プログレッション			2×10-20	2×10-20		2×10-20		2×10-20	2×10-20	2×10-20	2×10-20	2×10-20
水平スウィング			2×10-20	2×10-20		2×8-12	2×8-12	2×8-12	2×8-12	2×8-12	2×8-12	2×8-12
フロアー・キップ					2×3-6	2×3-6	2×3-6	2×3-6	3×3-6	3×3-6	3×3-6	3×3-6

低強度 → 中強度 → 高強度 → ショック法

High-Powered Plyometrics

表6-5 種目：バスケットボール、ネットボール

基本ドリル

エクササイズ	1週	2週	3週	4週	5週	6週	7週	8週	9週	10週	11週	12週
ボゴ	3×10	3×10	3×10	3×10								
スクワット・ジャンプ	2×4-6	3×4-6	3×6-8									
メディシンボール・オーバー&アンダー、メディシンボール・ハーフ&フル・ツイスト	3×3	3×4	3×5	3×6	3×6							
ロケット&スター・ジャンプ	2×4-6	2×4-6	3×4-6									
スプリット&シザーズ・ジャンプ		2×4-6		3×4-6	3×4-6							
ブランシング	2×4-6	2×4-6	2×4-6	3×4-6	3×6-8	3×6-8	3×4-6					
ギャロッピング	3×10	3×10	3×10	2×4-6	2×4-6							
ファースト・スキッピング	3×10	3×10	3×10	3×10	2×10	2×10	2×10	2×10	2×10	2×10	2×10	2×10
アンクル・フリップ	2×4-6	3×4-6	3×4-6	3×6-8	3×6-8	3×6-8	3×6-8	3×6-8	3×6-8			
シングル・レッグ・ステア・バウンド		2×4-6	3×4-6	3×6-8	3×8-10	2×8-10	2×8-10	2×8-10	2×8-10	2×8-10	2×8-10	2×8-10
ラテラル・バウンド			2×6-8	3×6-8	3×8-10	3×8-12	3×8-12	3×10-12				
交互レッグ・ステア・バウンド			2×6-8	3×6-8	3×8-10	3×8-12	3×8-12	3×8-12				

専門的ドリル

エクササイズ	1週	2週	3週	4週	5週	6週	7週	8週	9週	10週	11週	12週
メディシンボール・スクープスロー・プログレッション	2×4-6	2×4-6	2×4-6	3×8-12	3×8-12	3×8-12						
メディシンボール・ツイスト・トス			3×8-12	3×8-12	3×8-12	3×8-12	3×8-12	3×8-12				
メディシンボール・パス・プログレッション			3×4-6	3×4-6	3×4-6	3×4-6	3×4-6	3×4-6	3×4-6			
メディシンボール・シットアップ・スロー				3×4-6	3×4-6	3×4-6	3×4-6	3×4-6	3×4-6			
ラテラル・バウンド												
リカシェット					3×4-6	3×4-6	3×4-6	3×4-6	3×4-6	3×4-6		
ダブル・レッグ・ホップ・プログレッション								3×4-8				
サイド・ホップ							3×4-6	4×6-8	4×6-8		4×8-10	
漸増垂直ホップ							3×4-6	3×4-6	3×4-6	3×6-8	3×6-8	3×6-8
サイド・ホップ・スプリント					2×4-6	2×4-6	2×4-6	2×4-6	4×4-6	4×4-6	6×4-6	6×4-6
ドロップ・スプリント									4-8	4-8	4-8	4-8
デプス・ジャンプ・プログレッション									3-6	3-6	3-6	3-6
	低強度 →			中強度 →				高強度 →			ショック法 →	
											2×3-6	3×3-6	3×3-6

第6章 種目別トレーニングのプログラム

表6-6 種目：バレーボール

基本ドリル

エクササイズ	1週	2週	3週	4週	5週	6週	7週	8週	9週	10週	11週	12週
ポゴ	3×10	3×10	3×10	3×10								
スクワット・ジャンプ	2×4-6	3×4-6	3×6-8									
メディシンボール・オーバー＆アンダー／メディシンボール・ハーフ＆フル・ツイスト	3×3	3×4	3×5	3×6	3×6							
ロケット＆スター・ジャンプ	2×4-6	2×4-6	3×4-6		3×4-6							
スプリット＆シザーズ・ジャンプ		2×4-6			3×6-8	3×6-8	3×4-6					
ブランシング	2×4-6	2×4-6	2×4-6		2×4-6							
ギャロッピング	3×10	3×10	3×10	3×10	2×10	2×10	2×10	2×10	2×10	2×10	2×10	2×10
ファースト・スキッピング	3×10	3×10	3×10	3×10	2×10	2×10	2×10	2×10	2×10	2×10	2×10	2×10
アンクル・フリップ	2×4-6	3×4-6	3×4-6	3×6-8	3×6-8	3×6-8	3×6-8	3×6-8	3×6-8	2×8-10	2×8-10	2×8-10
シングルレッグ・ステア・バウンド		2×4-6	2×6-8	3×6-8	3×8-10	2×8-10	2×8-10					
ラテラル・バウンド			2×4-6	3×6-8	3×8-10	3×8-12	3×8-12	3×10-12				
交互レッグ・ステア・バウンド			2×6-8	3×6-8	3×8-10	3×8-12	3×8-12	3×8-12	2×8-10			

専門的ドリル

エクササイズ	1週	2週	3週	4週	5週	6週	7週	8週	9週	10週	11週	12週
ショベル・トス	2×4-6	2×4-6	2×4-6	3×8-12	3×8-12	3×8-12						
ツイスト・トス			3×8-12	3×8-12	3×8-12							
シットアップ・スロー			3×12-20	3×12-20	3×12-20	3×12-20	3×8-12	3×12-20	3×12-20			
オーバーヘッド・スロー・プログレッション				3×4-6	3×4-6	3×4-6	3×4-6	3×4-6	3×4-6			
リカシェット		3×4-6	3×4-6	3×4-6	3×6-12	3×6-12	3×6-12	3×6-12				
ラテラル・バウンド・ネット・ジャンプ *1		3×4-6	3×4-6	3×4-6	3×4-6	3×4-8	3×4-8	3×4-8				
パワー・スキッピング			2×4-6	3×4-6	3×4-6	3×4-6	3×4-6	4×6-8	4×6-8		4×8-10	
サイド・ホップ					2×4-6	3×4-6	3×4-6	3×4-6	3×6-8	3×6-8	3×6-8	3×6-8
漸増垂直ホップ							3×4-6	3×4-6	3×6-8	3×6-8	3×6-8	3×6-8
サイド・ホップ・スプリント *2					2×4-6	2×4-6	2×4-6	2×4-6	2×4-6	2×4-6	2×4-6	2×4-6
ドロップ・ホップ・スプリント *2						2-4×2	3-6×2	3-6×2	3-6×2	3-6	3-6×2	3-6×2
デプス・ジャンプ・プログレッション										2×3-6	3×3-6	3×3-6
	低強度 →　　　　中強度 →　　　　高強度 →　　　　ショック法 →

*1：バレーボール用のネットの前に立ち、ラテラル・バウンドをしたのちにジャンプする。ジャンプの際は手を上に伸ばし、ブロックの体勢を意識する。
*2：ボックスからジャンプして降りると、ただちに決められた方向にダッシュする。

表6-7 種目：野球、ソフトボール、クリケット

基本ドリル

エクササイズ	1週	2週	3週	4週	5週	6週	7週	8週	9週	10週	11週	12週
ボコ	3×10	3×8-12	3×10	3×10								
スクワット・ジャンプ	2×4-6	3×4-6	3×6-8									
メディシンボール・オーバー＆アンダー メディシンボール・ハーフ＆フル・ツイスト	3×3	3×4	3×5	3×6	3×6							
ロケット＆スター・ジャンプ	2×4-6	2×4-6	3×4-6		3×4-6							
スプリット＆シザース・ジャンプ		2×4-6		3×4-6	3×6-8	3×6-8	3×4-6					
ブランシング	2×4-6	2×4-6	2×4-6	2×4-6	2×4-6							
ギャロップ・ピンピング	3×10	3×10	3×10	3×10	2×10	2×10	2×10	2×10	2×10	2×10	2×10	2×10
ファースト・スキッピング	3×10	3×10	3×4-6	3×10	2×10	2×10	2×10	2×10	2×10	2×10	2×10	2×10
アンクル・フリップ	2×4-6	3×4-6	3×4-6	3×4-6	3×6-8	3×6-8	3×6-8	3×6-8	3×6-8	2×8-10	2×8-10	2×8-10
シングル・レッグ・ステア・バウンド			2×6-8	3×6-8	3×8-10	2×8-10	2×8-10		2×8-10			
ラテラル・バウンド			2×6-8	3×6-8	3×8-10	3×8-12	3×8-12	3×10-12				
交互レッグ・ステア・バウンド		2×4-6	2×6-8	3×6-8	3×8-10	3×8-12	3×8-12	3×8-12				

専門的ドリル

エクササイズ	1週	2週	3週	4週	5週	6週	7週	8週	9週	10週	11週	12週
バー・ツイスト	3×8-12	3×8-12	3×8-12	3×8-12	3×8-12	3×8-12						
ヘビー・バッグ・ストローク			3×8-12	3×8-12	3×8-12	3×8-12	3×8-12	3×8-12				
シットアップ・スロー			3×12-20	3×12-20		3×12-20	3×12-20	3×8-12	3×12-20			
メディシンボール・スクープスロー・ プログレッション				3×4-6	3×4-6	3×4-6	3×4-6	3×4-6	3×4-6			
ツイスト・トス・プログレッション		3×6-12	3×6-12	3×6-12		3×6-12	3×6-12	3×8-10				
水平スウィング			3×4-6	3×6-8	3×6-8		3×8-10	3×8-10				
インクライン・リカシェット			2×6-10	2×6-10	2×6-10	3×6-12	3×6-12	3×6-12	3×6-12			
ニータック・ジャンプ			2×4-6		3×4-6	3×4-6	3×4-6	3×6-8	3×6-8	3×6-8	3×6-12	
ダブル・レッグ・バット・キック			2×4-6	2×4-6	3×4-6	3×4-6	3×4-6		3×6-8	3×6-8	3×6-8	3×6-8
パワー・スキッピング			2×4-6	2×4-6	2×4-6	2×4-6	2×4-6		2×4-6	2×4-6	2×4-6	2×4-6
ダブル・レッグ・ジャンプ・ホップ・ プログレッション						2-4×2	3-6×2	3-6×2	3-6×2	3-6×2	3-6×2	3-6×2
サイド・ホップ					2×3-6	2×3-6	2×3-6	2×3-6	3×3-6	3×3-6	3×3-6	3×3-6
	低強度 →			中強度 →				高強度 →			ショック法	

表6-8 種目：レスリング

基本ドリル

エクササイズ	1週	2週	3週	4週	5週	6週	7週	8週	9週	10週	11週	12週
ポゴ	3×10	3×10	3×10	3×10								
スクワット・ジャンプ	2×4-6	3×4-6	3×6-8									
メディシンボール・オーバー＆アンダー・ メディシンボール・ハーフ＆フル・ツイスト	3×3	3×4	3×5	3×6	3×6							
ロケット＆スター・ジャンプ	2×4-6	2×4-6	3×4-6	3×4-6	3×4-6							
スプリット＆シザーズ・ジャンプ	2×4-6	2×4-6	3×4-6	3×4-6	3×6-8	3×6-8	3×4-6					
ブランシング				2×4-6	2×4-6							
ギャロッピング	2×4-6	2×4-6	3×4-6	3×10	2×10	2×10	2×10	2×10	2×10	2×10	2×10	2×10
ファースト・スキッピング	3×10	3×10	3×10	3×10	2×10	2×10	2×10	2×10	2×10	2×10	2×10	2×10
アンクル・フリップ	2×4-6	3×4-6	3×4-6	3×6-8	3×6-8	3×6-8	3×6-8	3×6-8	3×6-8	3×6-8	3×8-10	3×8-10
シングル・レッグ・ステア・バウンド				3×6-8	3×8-10	2×8-10	2×8-10	3×8-12	2×8-10	2×8-10	2×8-10	2×8-10
ラテラル・バウンド		2×4-6	2×4-6	3×4-6	3×8-10	3×8-12		3×10-12				
交互レッグ・ステア・バウンド			2×6-8	3×6-8	3×8-10	3×8-12	3×8-12	3×8-12				

← 低強度 → 中強度 →

専門的ドリル

エクササイズ	1週	2週	3週	4週	5週	6週	7週	8週	9週	10週	11週	12週
バー・ツイスト	3×8-12	3×8-12	3×8-12	3×8-12	3×8-12	3×8-12						
メディシンボール・スクープトス・ プログレッション			3×8-12	3×8-12	3×8-12	3×8-12	3×8-12	3×8-12				
メディシンボール・スクープスロー・ プログレッション			3×12-20	3×12-20		3×12-20	3×12-20		3×12-20			
ニータック・ジャンプ				3×4-6	3×4-6	3×4-6	3×4-6	3×4-6	3×4-6			
パワー・スキッピング		3×6-12	3×6-12	3×6-12	3×6-8	3×6-12	3×6-12					
シングル・レッグ・ストライド・ジャンプ		3×4-6	3×4-6	3×6-8	3×6-8		3×8-10	3×8-10				
フロアー・キップ		2×4-6	2×6-10	2×6-10	2×6-10	3×6-12	3×6-12	3×6-12	3×6-12	3×6-12	3×6-12	
水平＆垂直スウィング		2×4-6		3×4-6	3×4-6	3×4-6	3×4-6	3×6-8		3×6-8	3×6-8	3×6-8
リープ・プログレッション		2×4-6	2×4-6	2×4-6	3×4-6	3×4-6	3×4-6	3×4-6		3×6-8	3×6-8	3×6-8
サイド・ホップ		2×4-6	2×4-6	2×4-6	2×4-6	2×4-6	2×4-6		2×4-6	2×4-6	2×4-6	2×4-6
シングル・レッグ・ホップ・ プログレッション							2×3-6	2×3-6	2×3-6	2-3×3-6	3×3-4	4×3-6
シングル・レッグ・ダイアゴナル・ホップ								2×3-6	3×3-6	3×3-6	3×3-6	3×3-6

← 中強度 → 高強度 → ショック法 →

High-Powered Plyometrics

表6-9　種目：スキー（アルペン）

基本ドリル

エクササイズ	1週	2週	3週	4週	5週	6週	7週	8週	9週	10週	11週	12週
ボコ	3×10	3×10	3×10	3×10								
スクワット・ジャンプ	2×4-6	3×4-6	3×6-8									
メディシンボール・オーバー＆アンダー&メディシンボール・ハーフ＆フル・ツイスト	3×3	3×4	3×5	3×6	3×6							
ロケット＆スター・ジャンプ	2×4-6	2×4-6	3×4-6	3×4-6	3×4-6							
スプリント＆シザーズ・ジャンプ		2×4-6		3×4-6	3×6-8	3×6-8	3×4-6					
ブランシング	2×4-6	2×4-6	2×4-6	2×4-6	2×4-6							
ギャロップピング	2×4-6	3×10	3×10	3×10	3×10	2×10	2×10	2×10	2×10	2×10	2×10	2×10
ファースト・スキッピング	3×10	3×10	3×10	3×10	3×10	2×10	2×10	2×10	2×10	2×10	2×10	2×10
アンクル・ブリッジ	2×4-6	3×4-6	3×4-6	3×6-8	3×6-8	3×6-8	3×6-8	3×6-8	3×6-8	2×8-10	2×8-10	2×8-10
シングル・レッグ・ステア・バウンド			2×4-6	3×6-8	3×8-10	2×8-10	2×8-10		2×8-10			
ラテラル・バウンド		2×6-8	2×6-8	3×6-8	3×6-8	3×8-12	3×8-12	3×10-12				
交互レッグ・ステア・バウンド		2×4-6	3×4-6	3×6-8	3×8-10	3×8-12	3×8-12	3×8-12				

専門的ドリル

エクササイズ	1週	2週	3週	4週	5週	6週	7週	8週	9週	10週	11週	12週
リカンベット			3×8-12	3×8-12	3×8-12	3×8-12	3×8-12	3×8-12				
ニータック・ジャンプ			3×4-6	3×4-6	3×4-6	3×4-6	3×4-6	3×4-6	3×4-6			
シングル・レッグ・ストライド・ジャンプ				3×4-6	3×4-6	3×4-6	3×4-6	3×4-6	3×4-6			
ストライド・ジャンプ・クロスオーバー				3×4-6	3×4-6	3×4-6	3×4-6	3×4-8	3×4-6	3×4-6		
クイック・ホップ					2×4-6	3×4-6	3×4-6	3×4-8				
ダブル・レッグ・インクライン& ステア・レッグ・バウンド						3×4-6	3×4-6	4×6-8	4×6-8		4×8-10	
交互レッグ・バウンド							3×4-6	3×6-8	3×6-8	3×8-12		3×8-12
ダブル・レッグ・ホップ・プログレッション						2×4-6		2×4-6	3×6-8	3×6-8	3×6-10	3×6-10
サイド・ホップ								2×4-6	2×4-6	3×4-6	3×4-6	3×4-6
漸増垂直ホップ									2×3-6	3×3-6	3×3-6	3×3-6
シングル・レッグ・ホップ・プログレッション										2×3-6	4×3-6	4×3-6
シングル・レッグ・ダイアゴナル・ホップ										2×3-6	4×3-6	4×3-6

低強度 → 中強度 → 高強度 → ショック法 →

表 6-10 種目：スキー（ノルディック）

基本ドリル

エクササイズ	1週	2週	3週	4週	5週	6週	7週	8週	9週	10週	11週	12週
ポゴ	3×10	3×10	3×10	3×10								
スクワット・ジャンプ	2×4-6	3×4-6	3×6-8									
メディシンボール・オーバー＆アンダー、メディシンボール・ハーフ＆フル・ツイスト	3×3	3×4	3×5	3×6	3×6							
ロケット＆スター・ジャンプ	2×4-6	2×4-6	3×4-6	3×4-6	3×4-6							
スプリット＆シザーズ・ジャンプ		2×4-6		3×4-6	3×6-8	3×6-8	3×4-6					
ブランジング	2×4-6	2×4-6	2×4-6	2×4-6	2×4-6							
ギャロップピング	3×10	3×10	3×10	3×10	2×10	2×10	2×10	2×10	2×10	2×10	2×10	2×10
ファースト・スキッピング	3×10	3×10	3×10	3×10	2×10	2×10	2×10	2×10	2×10	2×10	2×10	2×10
アンクル・ブリップ	2×4-6	3×4-6	3×4-6	3×6-8	3×6-8	3×6-8	3×6-8	3×6-8	3×6-8	2×8-10	2×8-10	2×8-10
シングルレッグ・ステア・バウンド			2×4-6	3×6-8	2×6-8	2×8-10	2×8-10	3×10-12	2×8-10			
ラテラル・バウンド			2×6-8	3×6-8	3×8-10	3×8-12	3×8-12	3×8-12				
交互レッグ・ステア・バウンド			2×6-8	3×6-8	3×8-10	3×8-12	3×8-12					

　　　　　　　　　　　　　　　　　　低強度 ─→ 中強度

専門的ドリル

	1週	2週	3週	4週	5週	6週	7週	8週	9週	10週	11週	12週
シットアップ・スロー・プログレッション	2×3-6	3×3-6	3×5-8	3×6-12	3×6-12	3×6-12						
垂直スイング		3×6-12	3×6-12	3×6-12	3×6-12	3×6-12	3×6-12					
アーム・スイング			3×6-12	3×6-12	3×6-12	3×6-12	3×6-12	3×6-12				
リカシェット				3×8-12	3×8-12	3×8-12	3×8-12	3×8-12	3×6-12			
ニータック・ジャンプ			3×4-6	3×4-6	3×4-6	3×4-6	3×4-6	3×4-6	3×4-6			
シングルレッグ・ストライド・ジャンプ				3×4-6	3×4-6	3×4-6	3×4-6	3×4-6	3×4-6			
ストライド・ジャンプ・クロスオーバー					3×4-6	3×4-6	3×4-6	3×4-6	3×4-6	3×4-6		
クイック・リープ						3×4-6	3×4-8	3×4-8				
ダブルレッグ・インクライン＆ステア・バウンド					2×4-6	3×4-6	3×4-6	4×6-8	4×6-8		4×8-10	
交互レッグ・インクライン・ホップ						2×4-6	3×4-6	3×6-8	3×6-8	3×8-12		3×8-12
シングルレッグ・ホップ・プログレッション										2×3-6	4×3-6	4×3-6
シングルレッグ・ダイアゴナル・ホップ										2×3-6	4×3-6	4×3-6

　　　　　　　　　　　　　　　　　　　　　　　　　　　　高強度 ─→ ショック法

表6-11 種目：サッカー、アメリカンフットボール（パンター、キッカー）、ラクロス、フィールドホッケー、オーストラリアンフットボール

基本ドリル

エクササイズ	1週	2週	3週	4週	5週	6週	7週	8週	9週	10週	11週	12週
ボゴ	3×10	3×10	3×10	3×10								
スクワット・ジャンプ	2×4-6	3×4-6	3×6-8									
メディシンボール・オーバー＆アンダー、メディシンボール・ハーフ＆フル・ツイスト	3×3	3×4	3×5	3×6	3×6							
ロケット＆スター・ジャンプ	2×4-6	2×4-6	3×4-6		3×4-6	3×4-6						
スプリット＆シザーズ・ジャンプ		2×4-6		3×4-6	3×6-8	3×6-8	3×4-6					
ブランシング	2×4-6	2×4-6	2×4-6	2×4-6	2×4-6							
ギャロッピング	3×10	3×10	3×10	3×10	2×10	2×10	2×10	2×10	2×10	2×10	2×10	2×10
ファースト・スキッピング	3×10	3×10	3×10	3×10	2×10	2×10	2×10	2×10	2×10	2×10	2×10	2×10
アンクル・フリップ	2×4-6	3×4-6	3×6-8	3×6-8	3×6-8	3×6-8	3×6-8	3×6-8	3×6-8	2×8-10	2×8-10	2×8-10
シングル・レッグ・ステア・バウンド						2×8-10	2×8-10		2×8-10			
ラテラル・バウンド			2×6-8	3×6-8	3×8-10	3×8-10	3×10-12	3×10-12				
交互レッグ・ステア・バウンド			2×6-8	3×6-8	3×8-10	3×8-12	3×8-12	3×8-12				

専門的ドリル

エクササイズ	1週	2週	3週	4週	5週	6週	7週	8週	9週	10週	11週	12週
リカシェット			3×8-12	3×8-12	3×8-12	3×8-12	3×8-12	3×8-12				
ニータック・ジャンプ				3×4-6	3×4-6	3×4-6	3×4-6	3×4-6	3×4-6			
シングル・レッグ・ストライド・ジャンプ					3×4-6	3×4-6	3×4-6	3×4-6	3×4-6			
ストライド・ジャンプ・クロスオーバー					3×4-6	3×4-6	3×4-6	3×4-6	3×4-6	3×4-6		
パワー・スキッピング				3×4-6	3×4-6	3×4-6	3×4-8	3×4-8				
交互レッグ・バウンド					2×4-6	3×4-6	3×4-6	3×4-6	3×8-10	3×8-12	3×8-12	
漸増垂直ホップ										3×6-8	3×6-10	3×8-12
サイド・ホップ						2×4-6	3×4-6	3×6-8	3×6-8	3×6-8	3×6-10	3×6-10
シングル・レッグ・ホップ・プログレッション							3×4-6	3×4-6	2×4-6	3×4-6	3×4-6	3×4-6
シングル・レッグ・ダイアゴナル・ホップ							3×3-6	3×3-6	2×3-6	3×3-6	3×3-6	3×3-6
レッグ・トス									2×3-6	2×3-6	4×3-6	4×3-6
メディシンボール・オーバーヘッド・スロー									2×3-6	2×3-6	4×3-6	4×3-6

低強度 → 中強度 → 高強度 → ショック法

表6-12 種目：テニス、ラケットボール、スカッシュ、ハンドボール

基本ドリル

エクササイズ	1週	2週	3週	4週	5週	6週	7週	8週	9週	10週	11週	12週
ポゴ	3×10	3×10	3×10	3×10								
スクワット・ジャンプ	2×4-6	3×4-6	3×6-8									
メディシンボール・オーバー&アンダー メディシンボール・ハーフ&フル・ツイスト	3×3	3×4	3×5	3×6	3×6							
ロケット&スター・ジャンプ	2×4-6	2×4-6	3×4-6		3×4-6							
スプリット&シザーズ・ジャンプ		2×4-6	3×4-6	3×4-6	3×6-8	3×6-8	3×4-6					
ブランシング	2×4-6	2×4-6	2×4-6	3×4-6	2×4-6							
ギャロッピング	3×10	3×10	3×10	3×10	2×10	2×10	2×10	2×10	2×10	2×10	2×10	2×10
ファースト・スキッピング	3×10	3×10	3×10	3×10	2×10	2×10	2×10	2×10	2×10	2×10	2×10	2×10
アンクル・フリップ	2×4-6	3×4-6	3×4-6	3×6-8	3×6-8	3×6-8	3×6-8	3×6-8	2×8-10	2×8-10	2×8-10	2×8-10
シングル・レッグ・ステア・バウンド		2×4-6	2×6-8	3×6-8	3×8-10	3×8-12	3×8-10	3×10-12				
ラテラル・バウンド			2×6-8	3×6-8	3×8-10	3×8-12	3×8-10	3×8-12				
交互レッグ・ステア・バウンド			2×6-8	3×6-8	3×8-10	3×8-12	3×8-10	3×8-12	2×8-10			

専門的ドリル

エクササイズ	1週	2週	3週	4週	5週	6週	7週	8週	9週	10週	11週	12週
オーバーヘッド・スロー・プログレッション	2×3-6	2×3-6	2×3-6	2×3-6	2×3-6	2×3-6	2×3-6					
ツイスト・トス			3×4-6	3×4-6	3×4-6	3×4-6	3×4-6	3×4-6	3×4-6			
ストライド・ジャンプ・クロスオーバー				3×4-6	3×4-6	3×4-6	3×4-6	3×4-6	3×4-6	3×4-6		
ヘビー・バッグ・ストローク					3×4-6	3×4-6	3×4-6	3×4-6	3×4-6	3×4-6		
水平スウィング				2×4-6	2×4-6	3×4-6	3×4-8	3×6-10				
シングル・レッグ・ホップ・プログレッション					2×4-6	3×4-6	3×4-6	3×6-8	3×8-10	3×8-12		
サイド・ホップ								3×6-8	3×6-8	3×6-8	3×6-8	
サイド・ホップ・スプリント						2×4-6	3×4-6	3×4-6	3×4-6	3×4-6	3×4-6	3×4-6
ラテラル・バウンド（連続反応）						3×4-6	3×4-6	3×4-6	3×4-6	3×4-6	3×4-6	3×4-6
シングル・レッグ・ホップ・プログレッション					3×4-6	3×4-6	3×4-6	3×4-6	2×3-6	3×3-6	3×3-6	3×3-6
シングル・レッグ・ダイアゴナル・ホップ									2×3-6	2×3-6	2×3-6	3×3-6
ホップ・スロー&トス										2×3-6	2×3-6	2×3-6

低強度 → 中強度 → 高強度 → ショック法

表6-13 種目：サイクリング（ロード，トラック）

基本ドリル

エクササイズ	1週	2週	3週	4週	5週	6週	7週	8週	9週	10週	11週	12週
ポゴ	3×10	3×10	3×10	3×10								
スクワット・ジャンプ	2×4-6	3×4-6	3×6-8									
メディシンボール・オーバー&アンダー／メディシンボール・ハーフ&フル・ツイスト	3×3	3×4	3×5	3×6	3×6							
ロケット&スター・ジャンプ	2×4-6	2×4-6	3×4-6	3×4-6	3×4-6							
スプリット&シザーズ・ジャンプ		2×4-6		3×4-6	3×6-8	3×6-8	3×4-6					
プランシング	2×4-6	2×4-6	2×4-6	2×4-6	2×4-6							
ギャロッピング	3×10	3×10	3×10	3×10	2×10	2×10	2×10	2×10	2×10	2×10	2×10	2×10
ファースト・スキッピング	3×10	3×10	3×10	3×10	2×10	2×10	2×10	2×10	2×10	2×10	2×10	2×10
アンクル・フリップ	2×4-6	3×4-6	3×4-6	3×6-8	3×6-8	3×6-8	3×6-8	3×6-8	3×6-8	2×8-10	2×8-10	2×8-10
シングル・レッグ・ステア・バウンド			2×4-6	3×6-8	3×8-10	2×8-10	2×8-10	3×10-12	2×8-10			
ラテラル・バウンド			2×6-8	3×6-8	3×8-10	3×8-12	3×8-12	3×8-12				
交互レッグ・ステア・バウンド			2×6-8	3×6-8	3×8-10	3×8-12	3×8-12	3×8-12				

専門的ドリル

エクササイズ	1週	2週	3週	4週	5週	6週	7週	8週	9週	10週	11週	12週
リカシェット		2×6-10	2×6-10	2×6-10		2×6-10	2×6-10	2×6-10				
ニータック・ジャンプ			3×4-6	3×4-6	3×4-6	3×4-6	3×4-6	3×4-6	3×4-6	3×4-6		
シングル・レッグ・ストライド・ジャンプ				3×4-6	3×4-6	3×4-6	3×4-6	3×4-6	3×4-6	3×6-8	3×6-8	3×6-8
ストライド・ジャンプ・クロスオーバー							3×6-8	3×6-8	3×6-8	3×6-8	3×6-8	3×6-8
ダブル・レッグ・プログレッション・ホップ					2×4-8	3×4-8	3×6-8	3×6-8	3×6-10	3×6-12	3×6-12	3×6-12
交互レッグ・バウンド					2×6-8	2×6-8		3×6-8				
シングル・レッグ・ホップ・プログレッション						2×4-6	2×4-6	2×4-6	2×4-8	3×6-10	3×6-10	3×6-10
デプス・ジャンプ										4-6×3	4×4-8	4×4-8
											4-6×3	4-6×3
	低強度 →				中強度 →			高強度 →		ショック法 →		

表6-14 種目：ウエイトリフティング（オリンピック・スタイル）

基本ドリル

エクササイズ	1週	2週	3週	4週	5週	6週	7週	8週	9週	10週	11週	12週
ポゴ	3×10	3×10	3×10	3×10								
スクワット・ジャンプ	2×4-6	3×4-6	3×6-8									
メディシンボール・オーバー&アンダー・メディシンボール・ハーフ&フル・ツイスト	3×3	3×4	3×5	3×6	3×6							
ロケット&スター・ジャンプ	2×4-6	2×4-6	3×4-6		3×4-6							
スプリット&シザース・ジャンプ		2×4-6		3×4-6	3×6-8	3×6-8	3×4-6					
ブランシシング	2×4-6	2×4-6	2×4-6	2×4-6	2×4-5							
ギャロッピング	3×10	3×10	3×10	3×10	2×10	2×10	2×10	2×10	2×10	2×10	2×10	2×10
ファースト・スキッピング	3×10	3×10	3×10	3×10	2×10	2×10	2×10	2×10	2×10	2×10	2×10	2×10
アンクル・フリップ	2×4-6	3×4-6	3×4-6	3×6-8	3×6-8	3×6-8	3×6-8	3×6-8	3×6-8	2×8-10	2×8-10	2×8-10
シングル・レッグ・ステア・バウンド			2×4-6	3×6-8	3×8-10	2×8-10	2×8-10		2×8-10			
ラテラル・バウンド						3×8-12	3×8-12	3×10-12				
交互レッグ・ステア・バウンド			2×6-8	3×6-8	3×8-10	3×8-12	3×8-12	3×8-12				

専門的ドリル

	1週	2週	3週	4週	5週	6週	7週	8週	9週	10週	11週	12週
メディシンボール・スクープトス・プログレッション			3×3-6	3×3-6	3×3-6	3×3-6	3×3-6	3×3-6	3×3-6			
ニータック・ジャンプ			3×3-6	3×3-6	3×3-6	3×3-6	3×3-6	3×3-6	3×3-6			
漸増垂直ホップ				3×3-6	3×3-6	3×3-6		3×3-6	3×3-6	3×3-6		
クイック・リープ				4-8×1-2	4-8×1-2	4-8×1-2	4-8×1-2		4-8×1-2	4-8×1-2	4-8×1-2	4-8×1-2
フロアー・キップ				3×1	3×1	3×1	3×1	3×1	3×1	3×1	3×1	3×1
デプス・ジャンプ									4-8×3-6	4-8×3-6	4-8×3-6	4-8×3-6
デプス・ジャンプ・リープ										3-6×3-5	3-6×3-5	3-6×3-5

低強度 → 中強度 → 高強度 → ショック法 →

4. スペシャル・プログラム

　基本プログラム、そしてスポーツ活動に関連する専門的エクササイズをやり終えたならば、週に1回または2週間に1回のペースで、さらに別のプログラムを組み込むことができる。複数のジャンプ、バウンド、ホップあるいはスローによって構成されるプライオメトリクスはその処方される量および強度からして上級者向けであるが、ストレスの段階としては必ずしも高レベルあるいはショックのレベルにあるわけではない。

　次頁に示すスペシャル・プログラム（表6-15）は進んだトレーニング段階あるいは試合期に適したものである。われわれは、それぞれのメニューを識別しやすくするために山や川の名前を付けているが、自由に好きな名前を付ければよい。例えば、有名な選手の名前を付けたり、優秀な卒業生にちなんだ名前を付けてもいいであろう。いずれにせよ、導入期、リハビリテーション期、そして移行期（試合期が終了してから次の準備期まで）のいずれの時期においても、各プログラムの進行段階を終了するまでは、このスペシャル・プログラムに進むべきではない。次の第7章で詳しく解説するが、試合前期および試合期にストレッチ‐ショートニング・サイクルのトレーニングのあるレベルから次のレベルに移行する方法にはさまざまな方法がある。例えば、スペシャル・プログラムを周期的に組み込んでいくという方法は、種目の専門性と試合期のトレーニングに最もよく適合するように、専門的エクササイズと発達させるべき要素を組み合わせていく方法の一例である。

　過去の成果、特別な必要性、将来の試合期における目的や目標に応じて、読者も独自のスペシャル・プログラム・シリーズを作ることができるのである。

表6-15　マウンテン&リバー・メニュー

マッキンリー山：水平プログラム	マッターホルン山：垂直プログラム
1. プランシング	1. ロケット&スター・ジャンプ
2. ギャロッピング	2. ニー－タック・ジャンプ
3. アンクル・フリップ	3. スプリット&シザーズ・ジャンプ
4. バウンディング	4. パワー・スキッピング
5. エクステンディッド・スキッピング	5. ボックス・ジャンプ
6. ボックス・バウンディング	6. デプス・ジャンプ
富士山：コンビネーション・プログラム	エベレスト山：階段プログラム
1. シングル・バット・キック	1. ダブル－レッグ・バウンド
2. ハードル・ホップ	2. ステア・スキップ
3. シングル－レッグ・ホップ	3. シングル－レッグ・バウンド
4. スタンディング・トリプル・ジャンプ	4. ラテラル・バウンド
5. ボックス・スキップ	5. 交互レッグ・バウンド
6. ボックス・バウンド	6. リカシェット
オリンポス山：側方プログラム	ミズーリー川：回旋プログラム
1. ラテラル・バウンド	1. メディシン・ボール・ハーフ・ツイスト
2. サイド・ホップ	2. メディシン・ボール・フル・ツイスト
3. 漸増垂直ホップ	3. バー・ツイスト
4. ダイアゴナル・バウンド	4. 水平ツイスト
5. ダイアゴナル・ホップ	5. ツイスト・トス
6. ラテラル・ホップ	6. バッグ・スラスト&ストローク
コロンビア川：トス・プログラム	ミシシッピー川：スローイング・プログラム
1. ショベル・トス	1. シットアップ・スロー
2. スクープ・トス	2. 膝立ち姿勢からの前方スロー
3. 垂直スウィング	3. 立位あるいはステップからのスロー
4. チェスト・パス	4. スクープ・スロー
5. ホップからトス	5. ホップからのスロー
6. 後方ホップからのトス	6. キャッチ&スロー

HIGH-POWERED Plyometrics

第7章
長期にわたるパワーの
　　　　　　　　　養成

トレーニングにおいてはひとつひとつの指導が体系化される必要がある。指導を体系化するためには、具体的な目標実現に向けて、時間的制約のもとで数多くの要因を考慮に入れなければならない。そこで、この最終章においては、できるだけ広い視野からプライオメトリクスの全体像を捉えることにしよう。

　プライオメトリクスについて語る際、これまでは、持久力トレーニングや筋肥大トレーニング（ボディービルディング）、あるいは絶対的筋力トレーニングに関係する言葉を使うことはタブーとされてきた。これらの用語は爆発性や衝撃性そして反応性といったプライオメトリクスで用いられるトレーニング用語の対極にあるからというのがその単純な理由であった。爆発的パワーのトレーニングに関して、今なお、ショック法に代表される初期のプライオメトリクスが意図していた目的のみに固執しすぎて、筋肥大や心臓循環器系の改善を意図した低速で長い時間をかけて行われる量の多いトレーニング処方には、プライオメトリクスは適さないと考えている人が多い。しかしながら、ストレッチ－ショートニング・サイクルの利用は、こうした領域のトレーニングを補足するための有益な手段にさえなりうるのである。

　スポーツそのものはいうに及ばず、トレーニング法を習得しパフォーマンスを向上させていくには、長期にわたる計画と継続的な取り組みが不可欠である。プライオメトリクス、ストレッチ－ショートニング・サイクルそして評価にかかわるすべての側面を考慮したプログラム・デザインについては、現在、多くの問題が提起されている。そのいくつかについてはすぐに答えが用意されているが、まだ研究の途上であったり、試行錯誤の実践が継続中であったり、文献資料として入手できるまでにはまだ時間がかかるものもある。

　われわれはさまざまな段階を経て継続的に改善と進歩を繰り返し、より洗練された状態へと発達していく。しかし洗練されていくことによって発達のプロセスが止まるわけではない。むしろ、洗練されていくことによって、スキル習得の新たな局面、すなわち極めて専門的なパワーの習得に向けたエリートのためのアプローチが始まるのである。その段階では、動作特性、個人差、活動の種類そしてスポーツ種目にとって最も適した効率のよいパワーを発達させる必要がある。

　スポーツの専門的な目的を達成するために、まずどの程度そしてどの段階でストレッチ－ショートニング・サイクルのトレーニングが必要かを見極め、決定しなければならない。そしていったんトレーニングの内容と方法を決定したならば、選手が行うその具体的なトレーニングのできばえを分析して、同じ処方を継続するか、量を増やすか、負荷を低減させていくか、あるいは試合に向けてトレーニングを終了させるべきかといった事柄を決断しなければならないのである。

1. 評価法としての記録会

　ここで言う記録会とは、トレーニングの種類や必要性を決定するために行われるひとつのテスト法である。これらのテストによって、妥当な信頼性の高い方法で弾性的反応性の改善度が評価でき、スピード、筋力、アジリティーそしてコーディネーションのどの部分が欠けているかが明らかとなる。この評価によって効果的に弱点を強化できることは、研究および実践によって確かめられており、広く利用されている．

(1) スタンディング‐ランディング・ジャンプ・テスト

　ジャンプ動作に含まれるパワーを評価するための方法はいくつかあるが、ここで示す12種類の方法が現在よく用いられており、標準化された測定値を使って評価することができる。

垂直跳び

　壁やポールあるいは測定装置の横に両脚をそろえて立ち、指先が最も高く触れる位置をマークする。

　同じ場所から、利用しうるすべての力を結集し、股関節と膝関節そして足関節の屈曲による短く素早い反動動作からの急激な体全体の切り替えし伸展を用いてジャンプを行い、腕を伸ばす。ジャンプの頂点でできるだけ高い位置に指先でタッチする。立位でのマークとジャンプで到達した地点との差が本人の記録となる。3回～5回行ってベスト記録を取る。ジャンプの踏み切り前に前や横へのステップ動作によって脚を動かさないように注意すること。コーチによっては、あえてステップを行うこと、あるいは数歩の助走をつけることを認める場合もある。その垂直跳びテストによって何を測定しようとしているかという妥当性が明確となっている限りにおいて、こうした方法を専門的なジャンプの指標としてもよいであろう（例えば、バレーボールのアプローチ・ジャンプやジャンプ動作に入るスピードとパワーの関係の評価）。

　このテストは身体重心の上昇する高さを測定するものである。テスト結果を継続的に記録していくことにより、選手のさらなる発達にとって、スピード、弾性的反応性、絶対的筋力、相対的筋力などに対するどのようなトレーニングが必要かということについて、より深い考察ができるようになるであろう。

デプス・ジャンプ

　さまざまな高さの箱か階段状の道具を利用し、30～110cm程度の高さから芝生またはある程度弾力性のある丈夫なマットの上に落下する。着地と同時に素早く上方にジャンプし、垂直跳びテストでつけたマークに届くかそれを超えるように腕を伸ばす。選手が垂直跳びでつけた高さに到達できなくなるまで、落下の高さを少しずつ高くしていく。筋を回復させるために、試行間に1～2分の休息を取る。

　このリバウンドによる垂直跳びテストで、

選手が最も高く跳躍した時の落下の高さが、この種のトレーニングを行う時の最適な高さとなる。40〜60cmを超えるべきはないということがいくつかの研究で推奨されているが、第3章で述べたように、われわれの行った研究ではさらに低く、20〜60cmが適当な落下高であることが示されている。

2. ジャンプ・デカスロン

以下に示す10種類の、踏み切りから跳躍して着地するというドリルとその評価基準は、競技形式で楽しく取り組めるようにアレンジされたさまざまなジャンプのコンビネーションである。これによって、選手の能力レベルや進歩をテストすることができる。このジャンプ・デカスロンの表は、ウィルフ・ペイシュによって作成されたものであるが、ここではD.C.V.ワッツ（Watts1968）の幅跳びに関する指導教本に再掲されたものから引用した。この表はすっきりときれいにまとめられていて、低い能力レベルまでカバーしている。最高記録として掲載されている数字は、そのほとんどが19世紀末のプロ選手によって樹立されたその種目の世界記録である（表7-1）。5ストライド・ロング・ジャンプの平均値はかつて跳躍選手に対して行ったテストの結果から得られたものである。

ひとつの跳躍種目の記録を他の種目の記録と比較するためにこの表を用いてはいけないが、ある種目でこれくらい跳べるなら他の種目でも、というように挑戦的な気持ちを持ってトレーニングするために使うことはかまわない。

1) **スタンディング・ロング・ジャンプ**：腕を大きく振り込んで両脚でジャンプする種目である。つま先からかかとまでを測定する。

2) **スタンディング・トリプル・ジャンプ**：踏み切り脚の足裏全体を地面に着き、もう一方の脚は地面から浮かせてスウィングして3段跳びを開始する。このルールは他のホップとステップのコンビネーションにも適用する（ホップとは踏み切りと同じ脚で着地すること、ステップとは踏み切り脚と反対の脚で着地することを意味する）。

3) **2ホップ・ステップ・ジャンプ**：ホップを2回行ってからステップとジャンプを行う。

4) **2ホップ・2ステップ・ジャンプ**：ホップを2回とステップを2回行ってジャンプする。

5) **2ホップ・2ステップ・2ジャンプ**：さらにジャンプを2回行うが、この2回目のジャンプは両脚踏み切りとなる。

6) **5スプリング・ジャンプ**：両脚によるバウンディングを5つ連続する。両脚を揃えて5回のバウンドが途切れないように連続させる。

7) **スタンディング・4ホップ・ジャンプ**：スタンディング・トリプル・ジャンプと同じ要領で動作を開始しホップを4連続した後両脚着地する。

8) **ランニング・4ホップ・ジャンプ**：助走してこれを行うが、助走距離は自由である。

9) **25ヤード・ホップ**：両脚を着いた立位姿勢から連続ホップを開始し25ヤード間のタ

表7-1 ジャンプ・デカスロン記録表

パーセンタイル順位*	1 スタンディング・ロング・ジャンプ（m）	2 スタンディング・トリプル・ジャンプ（m）	3 2ホップ・ステップ・ジャス（m）	4 2ステップ・ジャンプ（m）	5 2ホップ・ステップ・2（m）	6 2ホップ・2（m）	7 5スプリング・ジャンプ（m）	8 スタンディング・4ホップ（m）	9 ランニング・4ホップ・ジャンプ（m）	10 25ヤード・ホップ・利き脚（秒）	5ストライド・ロング・ジャンプ（m）
100	3.68	10.35	12.80	15.30	18.85	16.80	17.40	23.40	2.5	7.18	
99		10.28	12.70	15.23	18.70	16.65	17.25	23.25			
98	3.60	10.20	12.60	15.15	18.55	16.50	17.10	23.10	2.6		
97		10.13	12.50	15.08	18.40	16.35	16.95	22.95		7.15	
96	3.53	10.05	12.40	14.85	18.25	16.20	16.80	22.80	2.7		
95		9.98	12.30	14.78	18.10	16.15	16.70	22.65			
94	3.45	9.90	12.20	14.65	17.95	16.00	16.60	22.50	2.8	7.13	
93		9.83	12.10	14.55	17.80	15.90	16.50	22.35			
92	3.38	9.75	12.00	14.45	17.65	15.75	16.35	22.20	2.9		
91		9.68	11.90	14.35	17.50	15.60	16.20	22.00		7.10	
90	3.30	9.60	11.80	14.25	17.35	15.55	16.10	21.65	3.0		
89		9.53	11.70	14.15	17.20	15.40	16.00	21.45			
88	3.23	9.45	11.60	14.05	17.05	15.30	15.90	21.30	3.1	7.08	
87		9.38	11.50	13.95	16.90	15.15	15.75	21.15			
86	3.15	9.30	11.40	13.80	16.75	15.00	15.60	21.00	3.2		
85		9.23	11.30	13.75	16.65	14.95	15.50	20.85		7.05	
84	3.08	9.15	11.20	13.65	16.50	14.80	15.40	20.70	3.3		
83		9.08	11.10	13.55	16.40	14.70	15.30	20.48	3.4	7.03	
82	3.00	9.00	11.00	13.45	16.25	14.60	15.20	20.33	3.5		
81		8.93	10.90	13.35	16.10	14.45	15.10	20.10	3.6	7.00	
80	2.93	8.85	10.80	13.25	15.95	14.35	15.00	19.95	3.7		
79		8.78	10.70	13.15	15.85	14.20	14.85	19.80	3.8	6.98	
78	2.89	8.70	10.60	13.05	15.75	14.10	14.70	19.65	3.9		
77		8.63	10.50	12.90	15.60	14.00	14.60	19.50	4.0	6.95	
76	2.78	8.55	10.40	12.85	15.45	13.85	14.50	19.28	4.1	6.93	
75		8.48	10.30	12.75	15.30	13.75	14.40	19.13	4.2	6.90	
74	2.70	8.40	10.20	12.65	15.15	13.65	14.25	18.90	4.3	6.85	
73	2.65	8.33	10.10	12.55	15.00	13.50	14.10	18.75	4.4	6.80	
72	2.63	8.25	10.00	12.45	14.90	13.40	14.00	18.60	4.5	6.75	
71	2.60	8.18	9.90	12.30	14.80	13.30	13.90	18.45	4.6	6.70	
70	2.58	8.10	9.80	12.23	14.65	13.20	13.80	18.30	4.7	6.65	
69	2.55	8.03	9.70	12.15	14.50	13.05	13.65	18.15	4.8	6.60	
68	2.53	7.95	9.60	12.00	14.40	12.90	13.50	18.00	4.9	6.53	

＊パーセンタイル順位とは、ある集団100名の中での個人の位置を示す単位。例えば、100の欄にある記録を出したら、100人中1位ということになる。（訳者）

パーセンタイル順位*	1 スタンディング・ロング・ジャンプ (m)	2 スタンディング・トリプル・ジャンプ (m)	3 2ホップ・ジャンプ・ジャス (m)	4 2ホップ・ジャンプ (m)	5 2ステップ・ホップ・2 (m)	6 2ホップ・2 2 (m)	7 5スプリング・ジャンプ (m)	8 スタンディング・4ホップ・ (m)	9 ランニング・4ホップ・ジャンプ (m)	10 25ヤード・ホップ（利き脚）(秒)	5ストライド・ロング・ジャンプ (m)
67	2.50	7.88	9.50	11.90	14.25	12.80	13.40	17.85	5.0	6.45
66	2.48	7.80	9.40	11.80	14.10	12.70	13.30	17.70	5.1	6.38
65	2.45	7.73	9.30	11.70	14.00	12.60	13.20	17.48	5.2	6.30
64	2.43	7.65	9.20	11.60	13.85	12.50	13.10	17.33	5.3	6.23
63	2.40	7.58	9.10	11.50	13.75	12.40	13.00	17.10	5.4	6.15
62	2.38	7.50	9.00	11.40	13.60	12.30	12.90	16.95	5.5	6.08
61	2.35	7.43	8.90	11.60	13.50	12.15	12.75	16.80	5.6	6.00
60	2.33	7.35	8.80	11.20	13.35	12.00	12.60	16.65	5.7	5.93
59	2.30	7.28	8.70	11.10	13.20	11.85	12.45	16.50	5.8	5.85
58	2.28	7.20	8.60	11.00	13.05	11.70	12.30	16.28	5.9	5.78
57	2.25	7.13	8.50	10.90	12.90	11.60	12.20	16.13	6.0	5.70
56	2.23	7.05	8.40	10.80	12.75	11.50	12.10	15.90	6.1	5.63
55	2.20	6.98	8.33	10.70	12.60	11.40	12.00	15.75	6.2	5.55
54	2.18	6.90	8.25	10.60	12.45	11.30	11.90	15.60	6.3	5.48
53	2.15	6.83	8.18	10.50	12.30	11.20	11.80	15.45	6.4	5.40
52	2.13	6.75	8.10	10.40	12.15	11.10	11.40	15.30	6.5	5.33
51	2.10	6.68	8.03	10.30	12.00	11.00	11.25	15.15	6.6	5.25
50	2.08	6.60	7.95	10.20	11.85	10.90	11.10	15.00	6.7	5.18
49	2.05	6.53	7.88	10.10	11.70	10.80	11.00	14.85	6.8	5.10
48	2.03	6.45	7.80	10.00	11.55	10.70	10.90	14.70		5.05
47	2.00	6.38	7.73	9.90	11.40	10.60	10.80	14.55	6.9	5.00
46	1.98	6.30	7.65	9.80	11.25	10.50	10.65	14.40		4.95
45	1.95	6.23	7.58	9.70	11.10	10.40	10.50	14.25	7.0	4.90
44	1.93	6.15	7.50	9.60	11.00	10.30	10.35	14.10		4.85
43	1.90	6.08	7.43	9.50	10.90	10.20	10.20	13.95	7.1	4.80
42	1.88	6.00	7.35	9.40	10.80	10.10	10.05	13.80		4.75
41	1.85	5.93	7.28	9.30	10.70	10.00	9.90	13.65	7.2	4.70
40	1.83	5.85	7.20	9.20	10.60	9.90	9.75	13.50		4.65
39	1.80	5.78	7.13	9.10	10.50	9.80	9.60	13.35	7.3	4.60
38	1.78	5.70	7.05	9.00	10.40	9.70	9.45	13.20		4.55
37	1.75	5.63	6.98	8.90	10.30	9.60	9.30	13.05	7.4	4.50
36	1.73	5.55	6.90	8.80	10.20	9.50	9.20	12.90		4.45
35	1.70	5.48	6.83	8.70	10.10	9.40	9.10	12.75	7.5	4.40

High-Powered Plyometrics

パーセンタイル順位*	1 スタンディング・ロング・ジャンプ（m）	2 スタンディング・トリプル・ジャンプ（m）	3 ステップ・ホップ・ジャンプ（m）	4 2ホップ・2ステップ（m）	5 2ホップ・2ステップ・2ジャンプ（m）	6 5スプリング・ジャンプ（m）	7 スタンディング・4ホップ・ジャンプ（m）	8 ランニング・4ホップ・ジャンプ（m）	9 25ヤード・ホップ（利き脚）（秒）	10 5ストライド・ロング・ジャンプ（m）
34	1.68	5.40	6.75	8.60	10.00	9.30	9.00	12.60		4.35
33	1.65	5.33	6.68	8.50	9.90	9.20	8.90	12.45	7.6	4.30
32	1.63	5.25	6.60	8.40	9.80	9.10	8.80	12.30		4.25
31	1.60	5.18	6.53	8.30	9.70	9.00	8.70	12.15	7.7	4.20
30	1.58	5.10	6.45	8.20	9.60	8.90	8.60	12.00		4.15
29	1.55	5.03	0.38	8.10	9.50	8.80	8.50	11.85	7.8	4.10
28	1.53	4.95	6.30	8.00	9.40	8.70	8.40	11.70		4.05
27	1.50	4.88	6.23	7.90	9.30	8.60	8.30	11.55	7.9	4.00
26	1.48	4.80	6.15	7.80	9.20	8.50	8.20	11.40		3.95
25	1.45	4.73	6.08	7.70	9.10	8.40	8.10	11.25	8.0	3.90
24	1.43	4.65	6.00	7.60	9.00	8.30	8.00	11.10		3.85
23	1.40	4.58	5.90	7.50	8.90	8.20	7.90	10.95		3.80
22	1.38	4.50	5.80	7.40	8.80	8.10	7.80	10.80	8.1	3.75
21	1.35	4.43	5.70	7.30	8.70	8.00	7.70	10.65		3.70
20	1.33	4.35	5.60	7.20	8.60	7.90	7.60	10.50		3.65
19	1.28	4.20	5.50	7.10	8.50	7.80	7.50	10.35	8.2	3.60
18	1.25	4.13	5.40	7.00	8.40	7.70	7.40	10.20		3.55
17	1.23	4.05	5.30	6.90	8.30	7.60	7.30	10.05		3.50
16	1.20	3.98	5.20	6.80	8.20	7.50	7.20	9.90	8.3	3.45
15	1.18	3.90	5.10	6.70	8.10	7.40	7.10	9.75		3.40
14	1.15	3.83	5.00	6.60	8.00	7.30	7.00	9.60		3.35
13	1.13	3.75	4.90	6.50	7.90	7.20	6.90	9.45	8.4	3.30
12	1.10	3.68	4.80	6.40	7.80	7.10	6.80	9.30		3.20
11	1.08	3.60	4.70	6.30	7.70	7.00	6.70	9.15		3.10
10	1.05	3.53	4.60	6.20	7.60	6.90	6.60	9.00	8.5	3.00
9	1.03	3.45	4.50	6.10	7.50	6.80	6.50	8.85		2.90
8	1.00	3.38	4.40	6.00	7.40	6.70	6.40	8.70		2.80
7	0.98	3.30	4.30	5.90	7.30	6.60	6.30	8.55	8.6	2.70
6	0.95	3.23	4.20	5.80	7.20	6.50	6.20	8.40		2.60
5	0.93	3.15	4.10	5.70	7.10	6.40	6.10	8.25		2.50
4	0.90	3.08	4.00	5.60	7.00	6.30	6.00	8.10	8.7	2.40
3	0.88	3.00	3.90	5.50	6.90	6.20	5.90	7.95		2.30
2	0.85	2.93	3.80	5.40	6.80	6.10	5.80	7.80		2.20
1	0.60	2.85	3.70	5.30	6.60	6.00	5.70	7.65	8.8	2.10

第7章　長期にわたるパワーの養成

イムを測定する。

　ホップの含まれる種目について右脚と左脚の両方をテストしてその平均を取るべきであるが、この表ではほとんどの種目で利き脚の記録となっている。

10) 5ストライド・ロング・ジャンプ：通常の走り幅跳びを行うが、助走は5歩に制限して行う。

　各種目とも2回ないし3回実施して一番良い記録を取る。このジャンプ・デカスロンはそれ自体、集中的にパワーの向上を目指す選手のための優れたトレーニング・セッションとして使うこともできる（Paish1968）。

3. スローイングとパッシングのテスト

　以下に示すテストはメディシン・ボールや砲丸を使って行う。これらのテストによって、上半身の衝撃に耐える能力や爆発的能力が測定され、トレーニングで用いるメディシン・ボールや砲丸の最適な重量や大きさを決定することができる。

(1) メディシン・ボール・チェスト・パス

　選手を背もたれが垂直な椅子に座らせ、ベルトまたはハーネスでしっかりと固定する。4kg、5kg、6kgのメディシン・ボールを全身の力を込めてチェスト・パスの要領で投げる。椅子からボールの落下地点までを測定し、それぞれのボールの飛距離によって、トレーニングに用いる最適なボールの重量を判断することができる。ただし4kgのボールが9メートルに満たない場合は、もっと軽いボールでテストする必要がある。

(2) メディシン・ボール・オーバーヘッド・スロー・フォワード

　両脚を肩幅程度に広げ、ライン上につま先を置いて立ち、両手に保持したボールを頭上やや後方に構える。膝を曲げながらつま先よりも前に出す動作から始め、背中をそらせてボールを後方に引く。次に身体を前方に伸ばし、股関節、肩、肘、手首を鞭のように使ってボールを前方へと加速させて投げる。その反動で足は地面から離れる。距離をメートル単位で四捨五入するかセンチまで読むか決めて測定する。

(3) メディシン・ボール・オーバーヘッド・スロー・バックワード

　両脚を肩幅程度に広げライン上につま先を置いて立ち、両手に保持したボールを腕を伸ばして股の下に構える。膝を曲げながらつま先よりも前に出す動作から始め、肩を前方へ出しながらボールを膝の高さまで下げる。次に股関節、肩、肘そして手首を鞭のように使って身体を後方にそらせる。両足で後ろにジャンプするようにしてボールと身体を後方に加速させて投げる。距離をメートル単位で四捨五入するかセンチまで読むか決めて測定する。

4. シーズンに合わせたコンディショニング－パワーの階層

　プライオメトリクス、オリンピック・リフティング、スピード・トレーニング、アジリティー、モビリティー(可動性)、これらのどのトレーニング・プログラムをデザインする場合にも、ストレッチ－ショートニング・サイクルを活用するためにはいくつかのポイントを考慮する必要がある。目的と目標の部分で述べたように、ストレッチ－ショートニング・サイクルは、これらのどのタイプのトレーニングにも含まれているとみなすことができる。パワーの階層構造(図7-1参照)によって、ストレッチ－ショートニング・サイクルのいくつかのタイプやそれらの関与の度合いを、トレーニング・プログラム全体の中の位置づけや構造において把握することができる。つまり、トレーニングの各時期を段階的に経ていくということは、このパワーの階層構造に示されたトレーニング方法を次々と移動していくことを意味する。

　ワークアウトがウエイト・ルームで行われようが、コート上、あるいはフィールドの中で行われようが、実施すべき個々のワークアウトは、かならず次のいずれかの方法論に従う必要がある。それは、準備のためのセッショ

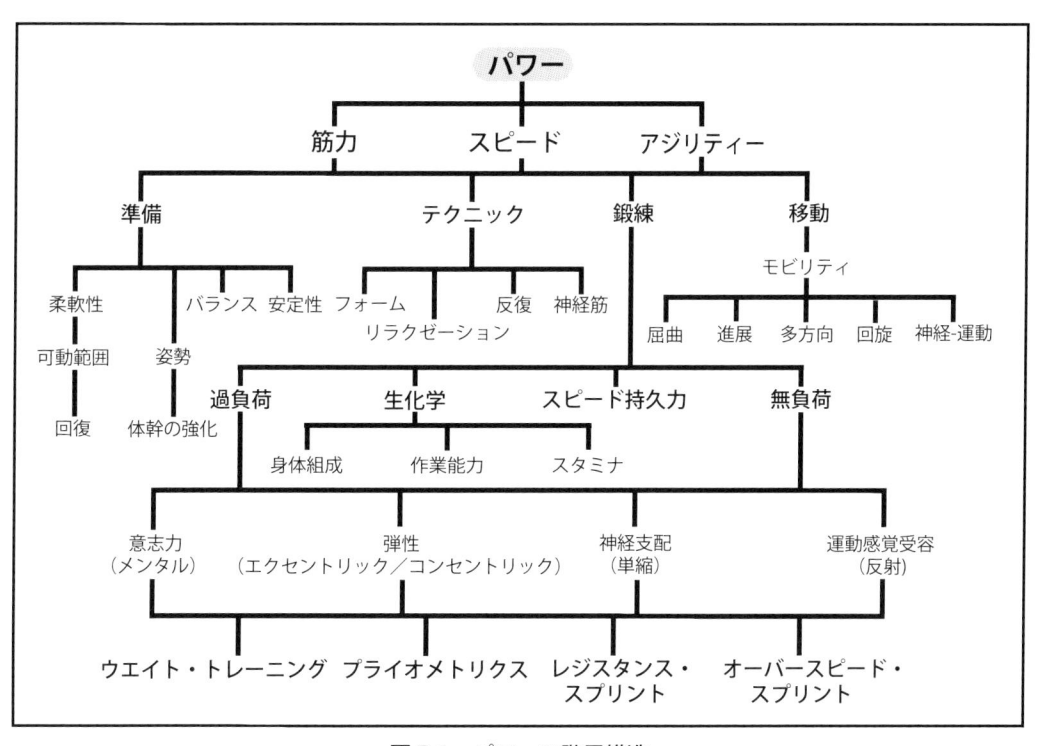

図7-1　パワーの階層構造

第7章　長期にわたるパワーの養成　173

ン（動的および静的柔軟性）、テクニックのためのセッション（フォームを意識したランニングやリフティング）、鍛錬のためのセッション（力、持久力、スピードに対する負荷をかける）、そしてモビリティー（可動性）のためのセッション（方向転換、高速運動）である。

　この階層構造とワークアウト例を見ればわかるように、全体を通してきわめて多くのストレッチ－ショートニング・サイクルのワークアウトを実施することになる。

　トレーニング・プログラムの指導と学習の各段階を進めていく際、それぞれの段階は階層的に計画されたワークアウト全体の中での独自の位置を占めて行く。例えば、ポゴ、プランシング、ギャロッピングといった指導段階は、初心者にとってはプライオメトリクスそのものであり、鍛錬のための負荷をかけるセッションとして用いられるものである。しかし、指導段階が進むにつれ、これらはテクニックのためのセッション（フォームを意識したランニング）やさらには準備のためのセッション（動的ウォームアップ）の一部として用いられるようにさえなる。これにより、トレーニング全体にわたってより複雑で強度の高いストレッチ－ショートニング・サイクルのトレーニングに進んでいく過程で、選手にバイオメカニカルなスキルを向上させることに常に注意を向けさせることができるのである。

　トレーニング・プログラム計画をする時、いつプライオメトリクスを強調し、いつウエイト・トレーニングを強調するかの判断に迷うことがある。階層構造とトレーニングの進行段階に従うならば、このための主要な判断基準はトレーニングの各局面における目標や目的である。

　もし、ウエイト・トレーニングがリフティングの姿勢と動的なフォームをそのトレーニング目的として含んでいるならば（そうであるべきだと考えるが）、そのためのトレーニングをいつ実施するかは単純にワークアウトにおける基本的な順序によって決まるといえる。何人かのトレーナーやスポーツ科学者によって、ひとつのワークアウトはウォーム・アップ、動的なフォームやテクニックのためのトレーニング、ストレングス・トレーニング、スピード・トレーニング、そしてクール・ダウンという順序で実施することが推奨されている。これも、階層的方法にもとづいて、いつどのような内容を強調するかの計画を決めるひとつの方法であるということができる。

5. 年間を通したコンディショニング―計画的なパフォーマンスのためのトレーニング

　選手や自分自身のトレーニングを計画し、プログラムの目的や目標を決める場合、まずピーキングや最終試合を定めそこから逆に遡って計画を立ていく。それが1年間に1回だけの試合か（例えばツール・ド・フランス）、ひとつのシーズンの一部分か（例えば州代表

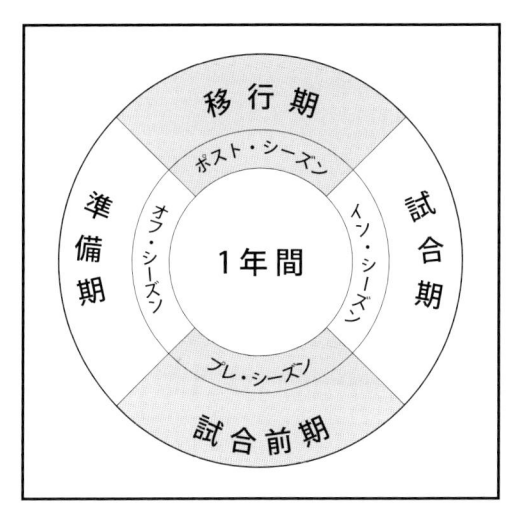

図7-2　1年間の概観

決定プレイオフ）、あるいは複数のピーキングが必要となるか（例えば全米選手権、環太平洋選手権、世界選手権、オリンピック）によって、年間計画のそれぞれの時期にどのようなストレッチ-ショートニング・サイクルのトレーニングを行っていくかの見通しをつけるため、各時期におけるそれぞれの目標を設定する。その際にプログラムの階層構造や評価の連続性という考え方が用いられるのである（図7-2参照）。

(1) 年間のピリオダイゼーション計画

　ストレッチ-ショートニング・サイクルやプライオメトリクスの指導とトレーニングの形式には、いくつかの段階や周期性があるため、トレーニングによって生じる進歩にも、それぞれの局面、時期そして年間を通じた短期的あるいは長期的な段階や周期性が見られる。

　個人選手に対しても、チームに対しても、トレーニング・プログラムにおける時期区分を設定することができるが、もし複合的ピリオダイゼーション（すなわち複数のトレーニング・システムから構成される）を採用し、一般的なものから専門的なものへとトレーニングを進めて行こうとするのであれば、若い選手に対しては、階層構造のコンセプトによって説明したように、複数の要素を混ぜた多方向的なトレーニングに取り組ませるようにするべきである。体幹がしっかり鍛えられ、相対的筋力と動的筋力が高いレベルに到達した選手に対しては、特定の要素を優先した一方向的（すなわちきわめて専門的）トレーニングに取り組ませることができる。ある状況では、もっぱら弾性的反応性のトレーニングに重点をおき、通常のストレングス・トレーニングを全く行わないという週があってもよいのである。どんな場合にも、反復回数、セット数そして休息時間はトレーニングの目的に合致していなくてはならない。

(2) 時期区分

　1年間のトレーニングにおいて区分される各時期は、トレーニングを最適化するために配列されたプログラムの持つ意味に対応している。例えば、イン・シーズンと試合期、ポスト・シーズンと回復期、オフ・シーズンと一般的準備期、そしてプレ・シーズンと専門的準備期が対応している。しかし、複数の種目に取り組んでいる選手や軍の兵士の場合などは、イン・シーズンのトレーニングしかなく、こうした時期区分には異なる解釈が必要となってくる。

一般的に試合期は、競技の対象となる専門的スキルとドリル（専門的跳躍、スプリント、方向転換）以外のストレッチ－ショートニング・サイクルとプライオメトリクスのトレーニングはやや減少していることが多いようである。専門的なスピードのスキルを洗練するために、パワーを発達させることはいったん中断している。しかしこのことは、複数の種目に取り組んでいるため、常にイン・シーズン状態にある選手にとっては、基礎的能力の発達や基礎的能力と専門的能力を結びつける特異的トレーニングに集中する機会を失うことを意味する。どちらの場合も、パワーの階層構造に基づく方法を適用することによって、こうした問題を解決することができる。ストレッチ－ショートニング・サイクルは、準備期あるいはテクニックの向上という時期、および負荷をかけていく時期、そして専門的な移行期においてもさまざまな形で利用できる（図7-3aにはプライオメトリクスに初めて取り組む選手、図7-3bには爆発的パワー・トレーニングの経験者のプログラムを示した）。試合期には、ピリオダイゼーションの短期的なミニチュア版を組むことにより、特定のトレーニング課題を強調して優先させることが可能となる。

　要するに、時期区分とはパフォーマンスを高めるための段階設定に他ならないのである。以下にその概略を紹介する。

● ポスト・シーズンは移行期であり、その目的は、
  1. 試合シーズンからの回復、休養、そして再生
  2. 筋力、加速能力、および可動性に関する能力の発達もしくはそのリハビリテーション
  3. テクニックの再調整と再精緻化

● オフ・シーズンは準備期であり、その目的は、
  1. 筋力、スピード、およびアジリティーに関する能力の段階的発達
  2. テクニックの進歩と試合場面におけるパフォーマンスの評価

● プレ・シーズンは試合前期であり、その目的は、
  1. 専門的パワーとスピード持久力へ転化する筋力および、スピード、アジリティーに関する専門的能力の鍛錬
  2. 試合でのパフォーマンスにおける専門性の発達
  3. トレーニングの強度を徐々に下げていくこと
  4. パフォーマンスを向上させていくこと

● イン・シーズンは試合期であり、その目的は、
  1. 競技経験の蓄積
  2. 鍛錬したパワーおよび専門的スピードとスピード持久力のあるスキルの維持
  3. 専門的テクニックの向上
  4. 競技における最終段階への準備
  5. 試合期の最後における最高パフォーマンスの達成

図 7-3 (a) ピリオダイゼーションの初期におけるストレッチ‐ショートニング・サイクルの利用

準備の段階		評価の段階	
移行期	準備期	試合前期	試合期
回復	テクニックの強化	負荷による鍛錬	専門性の維持
基本プログラム 12 週間	基本プログラム さらに 12 週間	ベスト 12 種目による 専門的プログラム 12 週間の一部分	基本プログラムを減らす テクニックと柔軟性・ 姿勢・バランス・ 安定性
トレーニング歴 0 〜 2 年の初心者から中級者			

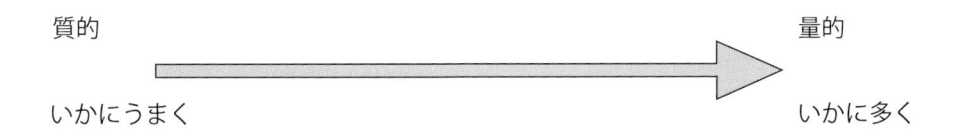

質的　　　　　　　　　　　　　　　　　　　　量的
いかにうまく　　　　　　　　　　　　　　　　いかに多く

図 7-3 (b) より進んだピリオダイゼーション段階におけるストレッチ‐ショートニング・サイクルの利用

準備の段階		評価の段階	
移行期	準備期	試合前期	試合期
回復	テクニックの強化	負荷による鍛錬	専門性の維持
基本プログラムに 継続的に取り組む 一般的発達	ベスト 12 種目に 継続的に取り組む より専門的発達	専門的鍛錬 何回も反復して負荷を かける特別メニューの 利用	準備とテクニックの トレーニングを減らす 特別メニューの継続
トレーニング歴 2 年以上の中級者から上級者			

(3) 局面

トゥドール・ボンパ（Tudor Bompa 1983）が示唆するように、それぞれのトレーニング期は、対応する各トレーニング・シーズンの独自の目的を達成するために、周期的に繰り返されるいくつかの局面から成り立っている。プライオメトリクスを数ヵ月以上にわたって継続するよう推奨しているものを見ることは、決して稀なことではない。実際、われわれはプライオメトリクスのトレーニングを年間を通して繰り返し継続できるものであると信じている。中にはプライオメトリクスのドリルはほんの3週間か4週間しか行うべきではないと信じているコーチもいる。この考えは、スピードの改善に貢献する要素にはほんのわずかのトレーナビリティーしか存在しないという説に由来するのかもしれない。

セルジオ・ザノン（Sergio Zanon 1989）は、3週間以上にわたって初めの10日間はプライオメトリクスを増やし、次の10日間は減らすということを繰り返す「周期的波動スタイル」を推奨している。われわれは、ストレスの強弱の連続性を考慮したプライオメトリクスの段階的指導システムを用いることにより、トレーニングの局面を通して、少なくとも主要な試合のピーキングの時期まで弾性的反応性が含まれるエクササイズを用いることができると信じている。トレーニングの継続により、自己受容性の運動感覚が発達するため、年間を通じてプライオメトリクスに取り組むことが効果的だと考える。

最後に、トレーニング局面全体にわたる具体例を掲げておく（表7-2）。こうしたチャートを用いることにより、年間を通じてさまざまな活動と目的に適合するようにプライオメトリクスを何回でも反復できるということが理解できるであろう。ストレッチ–ショートニング・サイクルとプライオメトリクスのトレーニングを進めていく段階について、これまでに解説してきた原則を適用してもらいたい。

パワーの階層構造にこれらの各段階が合致していることが確認できるだろう。それぞれの段階で、ストレッチ–ショートニング・サイクルにおけるパワーの発達にかかわるさまざまな領域を強調することができる。すなわち、動的ウォーム・アップの領域、テクニックのための領域、鍛錬のために負荷をかけていく領域、専門的モビリティーの領域、そして各局面における試合的練習の領域である。

表 7-2 処方計画のガイドライン

週番号	段階	負荷強度	一日の平均的な量 ウエイト・トレーニングはトータルのレップ数を、その他のトレーニングは種目数×セット数×レップ数（量）を表している			
			ウエイト・トレーニング	プライオメトリクス	アジリティー	スプリント・トレーニング
1		弱	[週3日][週4日] 241/194	3-4×2×4-8 (42)	1×2-3×2 (4)	加速/テクニック /有酸素能力 2-4×4-8×50
2		弱/中	324/256	3-4×2-3×4-8 (53)	2×2-3×2 (8)	加速/負荷 /有酸素能力 2-4×4-8×60
3	一般的適応	中	349/271	3-4×2-3×4-10 (61)	2-3×3×2 (12)	加速/負荷 /無酸素能力 2-4×4-8×70
4	一般的コア筋力	弱/中	289/235	4×2-3×6-10 (80)	3×3×2 (18)	加速/負荷 /無酸素能力 2-4×6-10×60-80
5		中	200/161	4-5×2-3×6-10 (90)	3-4×3×4 (42)	加速/負荷 /オーバースピード 2-4×6-10×60-90
6	最大筋力	中/強	151/117	4-5×2-3×6-12 (101)	4×3×4 (48)	加速/コントラスト法 2×6-12×40-100
7		中	123/99	5×2-3×6-12 (112)	3×4×4 (48)	加速/コントラスト法 2-4×6-10×40-100
8	最大筋力とパワー	中/強	117/94	5×2-3×8-12 (125)	3×4×4 (48)	加速/コントラスト法 2-4×6-10×40-90
9		強	106/86	4×2-3×10-12 (110)	2×4×4 (32)	スピード/コントラスト法 2-4×4-8×40-90
10	コンプレックスとコンビネーション	中/強	74/56	3-4×2×10-12 (77)	2×3×4 (24)	スピード/コントラスト法 2-4×4-8×20-60
11	移行	強	54/54	2×2×10-12 (44)	2×2×4 (16)	スピード 2-4×2-4×20-40
12	評価/中断						

第7章　長期にわたるパワーの養成

参考文献・推薦図書
References and Suggested Readings

Adams, T.M. 1984. An investigation of selected plyometric training exercises on muscular leg strength and power. *Track and Field Quarterly Review* 84 (4): 36-39.

Albert, Mark. 1991. *Eccentric muscle training in sports and orthopaedics.* New York: Churchill Livingstone.

Aoki, H., R. Tsukahara, and K. Yabe. 1989. Effects of pre-motion electromyographic silent period on dynamic force exertion during a rapid ballistic movement in man. *European Journal of Applied Physiology* 58 (4): 426-432.

Asmussen, E., and F. Bonde-Petersen. 1974a. Storage of elastic energy in skeletal muscles in man. *Acta Physiologica Scandinavia* 91: 385-392.

Asmussen, E., and F. Bonde-Petersen. 1974b. Apparent efficiency and storage of elastic energy in human muscles during exercise. *Acta Physiologica Scandinavia* 92: 537-545.

Aura, O., and J.T. Viitasalo. 1989. Biomechanical characteristics of jumping. *International Journal of Sport Biomechanics* 5: 89-98.

Blattner, S.E., and L. Noble. 1979. Relative effects of isokinetic and plyometric training on vertical jump performance. *Research Quarterly* 50: 583-588.

Bobbert, M.F., M. Mackey, D. Schinkelshoek, P. Huijing, and G. van Ingen Schenau. 1986. Biomechanical analysis of drop and countermovement jumps. *European Journal of Applied Physiology* 54: 566-573.

Bobbert, M.F., P.A. Huijing, and G.J. van Ingen Schenau. 1987a. Drop jumping I: The influence of jumping technique on the biomechanics of jumping. *Medicine and Science in Sports and Exercise* 19: 332-338.

Bobbert, M.F., P.A. Huijing, and G.J. van Ingen Schenau. 1987b. Drop jumping II: The influence of drop heights on the biomechanics of drop jumping. *Medicine and Science in Sports and Exercise* 19: 339-346.

Bompa, T. 1983. *Theory and methodology of training, the key to athletic performance.* Dubuque, IA: Kendall/Hunt.

Bompa, T. 1993. *Periodization of strength, the new wave in strength training.* Toronto: Veritas.

Bosco, C. 1982. Physiological considerations of strength and explosive power and jumping drills (plyometric exercise). Conference proceedings on planning for elite performance (pp. 27-37). Ottawa, ON: Canadian Track and Field Association.

Bosco, C. 1985. Force-velocity relationship and sport performance. *Sports Biomechanics Newsletter* 2: 4-5.

Bosco, C., and P.V. Komi. 1979. Mechanical characteristics and fiber composition of human leg extensor muscles. *European Journal of Applied Physiology* 41: 275-284.

Bosco C., and P.V. Komi. 1981. Potentiation of the mechanical behavior of the human skeletal muscle through prestretching. *Acta Physiologica Scandinavia* 106: 467-472.

Bosco, C., and P.V. Komi. 1982. Muscle elasticity in athletes. In *Exercise and sport biology* (pp. 109-117), edited by P.V. Komi. Champaign, IL: International Series on Sports Sciences.

Bosco C., P.V. Komi, and A. Ito. 1981. Prestretch potentiation of human skeletal muscle during the ballistic movement. *Acta Physiology Scandinavia* 111 (2): 273-282.

Cavagna, G.A. 1977. Storage and utilization of elastic energy in skeletal muscle. *Exercise and Sports Science Review* 5: 89-129.

Cavagna, G.A., B. Dusman, and R. Margaria. 1968. Positive work done by a previously stretched muscle. *Journal of Applied Physiology* 24: 21-32.

Cavagna, G.A., F. Saibene, and R. Margaria. 1964. Mechanical work in running. *Journal of Applied Physiology* 19: 249-256.

Cavagna, G.A., F. Saibene, and R. Margaria. 1965. Effect of negative work on the amount of positive work performed by an isolated muscle. *Journal of Applied Physiology* 20:157-158.

Cavagna, G.A., L. Komarek, G. Citterio, and R. Margaria. 1971. Power output of a previously stretched muscle. In *Medicine and sport, biomechanics II* (pp.159-167), edited by J. Vredenbregt and J. Wartenweiler. Basel: Karger.

Chapman, A.E. 1985. The mechanical properties of human muscle. *Exercise and Sport Science Review* 13: 443-501.

Clutch, D., M. Wilton, C. McGowan, and G.R. Bryce. 1983. The effects of depth jumps and weight training on leg strength and vertical jump. *Research Quarterly for Exercise and Sport* 54:5-10.

Costello, F. 1984. Using weight training and plyometrics to increase explosive power for football. *National Strength and Conditioning Association Journal* 6 (2): 22-25.

Curwin, S., and W.D. Stanish. 1984. *Tendinitis: Its etiology and treatment.* Lexington, MA: Collamore Press.

Dick, F. 1984. *Training theory.* London: British Amateur Athletic Board.

Dietz, V., D. Schmidtbleicher, and J. Noth. 1979. Neuronal mechanisms of human locomotion. *Journal of Neurophysiology* 42: 1212-1222.

Ebbeling, C.B., and P.M. Clarkson. 1990. Muscle adaptation prior to recovery following eccentric exercise. *European Journal of Applied Physiology* 60 (1): 26-31.

Fox, E.L. 1979. *Sports physiology.* Philadelphia: Saunders.

Fox, E.L., and D. Mathews. 1981. *The physiological basis of physical education and athletics.* Philadelphia: Saunders.

Frid'en, J. 1984. Changes in human skeletal muscle induced by long term eccentric exercise. *Cell Tissue Research* 236 (2): 365-372.

Frid'en, J., P.N. Sfakianos, and A.R. Hargens. 1986. Muscle soreness and intra muscular fluid pressure: Comparison between eccentric and concentric load. *Journal of Applied Physiology* 61 (6): 2175-2179.

Fritz V.K., and W.T. Stauber. 1988. Characterization of muscles injured by forced lengthening II. Proteoglycans. *Medicine and Science in Sports and Exercise* 20 (4): 354-361.

Gambetta, V. 1977. Plyometric training. *Athletica* 4 (5): 15-17.

Gambetta, V. 1981. Plyometric training. In *Track and field coaching manual* (pp. 58-59), edited by V. Gambetta. West Point, NY: Leisure Press.

Gambetta, V. 1985. Plyometric training. In *The Athletics Congress track and field coaching manual* (pp. 34-36), edited by V. Gambetta. Champaign, IL: Human Kinetics.

Gambetta, V. 1986. Velocity of shortening as an explanation for the training effect of plyometric training. The second Allerton Symposium, G. Winkler (Chair), Track and Field Training, November, at Monticello, IL.

Gambetta, V. 1989. Plyometrics for beginners—Basic considerations. *New Studies in Athletics, IAAF Quarterly* 4: 61-64.

Gambetta, V., R. Rogers, R. Fields, D. Semenick, and J. Radcliffe. 1986. NSCA plyometric videotape symposium, Lincoln, NE.

Gowitzke, B.A., and M. Milner. 1988. Scientific basis of human movement. 3d ed. Baltimore: Williams & Wilkins.

Guyton, A.C. 1981. *Textbook of medical physiology*. Philadelphia: Saunders.

Hakkinen, K., M. Alen, and P.V. Komi. 1985. Changes in isometric force- and relaxation-time, electromyographic and muscle fiber characteristics of human skeletal muscle during strength training and detraining. *Acta Physiologica Scandinavia* 125: 573-585.

Harre, D. 1982. *Principles of sports training—Introduction to the theory and methods of training*. Berlin: Sportverlag.

Hill, A.V. 1938. The heat of shortening and the dynamic constants of muscle. *Proceedings of the Royal Society of London* (Biology) 126: 136-195.

Hill, A.V. 1950. The series elastic component of muscle (summary). *Proceedings of the Royal Society of London* (Biology) 137: 273-280.

Huxley, H.E. 1969. The mechanism of muscular contraction. *Science* 164: 1356-1366.

Jacoby, E., and B. Fraley. 1995. *Complete book of jumps*. Champaign, IL: Human Kinetics.

Kachaev, S.V. 1984. Methods of developing speed-strength (explosiveness) in young track and field athletes. *The Soviet Sports Review* 19 (1): 44-49.

Katz, B. 1939. The relation between force and speed in muscular contraction. *Journal of Physiology* 96: 45-64.

King, I. 1993. Plyometric training: In perspective. Parts 1 and 2. *Science Periodical on Research and Technology in Sport* 13 (5 and 6).

Kisner, C., and L.A. Colby. 1990. *Therapeutic exercise, foundations and techniques.* 2d ed. Philadelphia: Davis.

Komi, P.V. 1973. Measurement of the force-velocity relationship in human muscle under concentric and eccentric contractions. *Medicine and Sport: Biomechanics III* 8: 224-229.

Komi, P.V. 1984a. Biomechanics and neuromuscular performance. *Medicine and Science in Sport and Exercise* 16: 26-28.

Komi, P.V. 1984b. Physiological and biomechanical correlates of muscle function: Effects of muscle structure and stretch-shortening cycle on force and speed. In *Exercise and Sports Science Reviews* 12: 81-121, edited by R.L. Terjung. Lexington, MA: Collamore Press.

Komi, P.V. 1986. The stretch-shortening cycle and human power output. In *Human muscle power,* edited by N.L. Jones, N. McCartney, and A. McComas. Champaign, IL: Human Kinetics.

Komi, P.V., ed. 1992. *Strength and power in sport.* Oxford: Blackwell Scientific.

Komi, P.V., and C. Bosco. 1978. Utilization of stored elastic energy in leg extensor muscles by men and women. *Medicine and Science in Sports* 10: 261-265.

Lamb, D.R. 1984. Physiology of exercise, responses and adaptations. Rev. ed. New York: Macmillan.

Landis, D. 1983. Big skinny kids. *National Strength and Conditioning Association Journal* 5: 26-29.

Luhtanen, P., and P.V. Komi. 1980. Force, power, and elasticity—velocity relationships in walking, running, and jumping. *European Journal of Applied Physiology* 44: 279-289.

Matveyev, L. 1977. *Fundamentals of sports training.* Moscow: Progress.

McArdle, W., F.I. Katch, and V.L. Katch. 1981. *Exercise physiology, energy, nutrition and human performance.* Philadelphia: Lea & Febiger.

McFarlane, B. 1982. Jumping exercises. *Track and Field Quarterly Review* 82 (4): 54-55.

Nardone, A., C. Romano, and M. Schieppati. 1989. Selective recruitment of high-threshold human motor units during voluntary isotonic lengthening of active muscles. *Journal of Physiology London* 409: 451-471.

Newham, D.J., K.R. Mills, B.M. Quigley, and R.H. Edwards. 1983. Pain and fatigue after concentric and eccentric muscle contractions. *Clinical Science* 64 (1): 55-62.

Paish, W. 1968. The jumps decathlon tables. In D.C.V. Watts, *The long jump*. London: Amateur Athletic Association.

Polhemus, R. 1981. Plyometric training for the improvement of athletic ability. *Scholastic Coach* 51 (4): 68-69.

Radcliffe, J., and L. Osternig. 1995. Effects on performance of variable eccentric loads during depth jumps. *Journal of Sport Rehabilitation* 4: 31-41.

Radcliffe, J.C., and R.C. Farentinos. 1985. *Plyometrics explosive power training*. Champaign, IL: Human Kinetics.

Reid, P. 1989. Plyometrics and the high jump. *New Studies in Athletics* 4 (1): 67-74.

Robertson, R.N. 1984. Compliance characteristics of human muscle during dynamic and static loading conditions (abstract). Clinical symposium. *Medicine and Science in Sports and Exercise* 16: 186.

Sale, D. 1991. Testing strength and power. In *Physiological testing of the high performance athlete* (pp. 21-106). Rev. ed., edited by J.D. MacDougall, H.A. Wenger, and H.J. Green. Champaign, IL: Human Kinetics.

Schmidtbleicher, D. 1992. Training for power events. In *Strength and power in sport* (pp. 381-395), edited by P.V. Komi. Oxford: Blackwell Scientific.

Scoles, G. 1978. Depth jumping! Does it really work? *The Athletic Journal* 58 (5) 48-49, 74-75.

Siff, M., and Y. Verkhoshansky. 1996. *SuperTraining, special strength training for sporting excellence*. 2d ed. Pittsburgh: Sports Support Syndicate.

Sinclair, A. 1981. A reaction to depth jumping. *Sports Coach* 5 (2): 24-25.

Stauber, W. 1989. Eccentric action of muscles: Physiology, injury, and adaptation. *Exercise and Sport Science Reviews* 17: 157-185.

Stauber, W., V.K. Fritz, D.W. Vogelbach, and B. Dahlman. 1988. Characterization of muscles injured by forced lengthening I. Cellular infiltrates. *Medicine and Science in Sports and Exercise* 20 (4): 345-353.

Tansley, J. 1980. *The flop book*. Santa Monica, CA: Peterson Lithograph.

Thayer, B. 1981. Plyometrics. *Coaching Review* Sept/Oct (4): 18-19.

Valik, B. 1966. Strength preparation of young track and fielders. *Physical Culture in School* 4: 28. In *Yessis Translation Review* (1967) 2: 56-60.

Vander, J.A., J.H. Sherman, and D.S. Luciano. 1980. *Human physiology* (pp.144-190). Rev. ed. New York: McGraw-Hill.

van Ingen Schenau, G.J., M.F. Bobbert, P.A. Huijing, and R.D. Woittiez. 1985. The instantaneous torque-angular velocity relation in plantar flexion during jumping. *Medicine and Science in Sports and Exercise* 17: 422-426.

Verkhoshansky, Y. 1968. Are depth jumps useful? *Yessis Review of Soviet Physical Education and Sports* 3: 75-78.

Verkhoshansky, Y. 1969. Perspectives in the improvement of speed-strength preparation of jumpers. *Yessis Review of Soviet Physical Education and Sports* 4: 28-34.

Verkhoshansky, Y., and G. Chernousov. 1974. Jumps in the training of a sprinter. *Track and Field* 9: 16. In *Review of Soviet Physical Education and Sports* (1974) 9: 62-66.

Verkhoshansky, Y., and V. Tatyan. 1973. Speed-strength preparation of future champions. *Legkaya Atletica* 2: 12-13.

Viitasalo, J.T. and Bosco, C. 1982. Electromechanical behaviour of human muscles in vertical jumps. *European Journal of Applied Physiology* 48: 253-261.

Vorobyev, A. 1978. *A textbook on weightlifting.* Budapest: International Weightlifting Federation.

Webster, D. 1969. *New world dictionary of the American language.* Rev. ed. New York: World.

Wilson, G.J., R.U. Newton, A.J. Murphy, and B.J. Humphries. 1993. The optimal training load for the development of dynamic athletic performance. *Medicine and Science in Sports and Exercise* 25 (11): 1279-1286.

Wilt, F. 1975. Plyometrics, what it is—how it works. *Athletic Journal* 9 (76): 89-90.

Wilt, F., and T. Ecker. 1970. *International track and field coaching encyclopedia.* West Nyack, NY: Parker.

Winter, D.A. 1979. *Biomechanics of human movement.* New York: Wiley.

Young, W. 1993. Training for speed/strength: Heavy vs. light loads. *National Strength and Conditioning Association Journal* 15 (5): 34-42.

Zanon, S. 1974. Plieometry in jumping. *Die Lehre der Leichtathletik* 16: 1-13.

Zanon, S. 1989. Plyometrics: Past and present. *New Studies in Athletics* 4 (1): 7-17.

索 引
INDEX

[数字・アルファベット]

2ホップ・2ステップ・2ジャンプ **168**
2ホップ・2ステップ・ジャンプ **168**
2ホップ・ステップ・ジャンプ **168**
25ヤード・ホップ **168**
5ストライド・ロング・ジャンプ **172**
5スプリング・ジャンプ **168**
EMD **19**
MR **39, 62**
PEC **7**
SEC **7, 19**
SR **39, 62**
SSC **5**

[あ]

アーム・スウィング **139**
足関節をロックしたポジション **56**
アシステッド **54**
脚の回転動作 **76**
アジリティー **167, 173**
アンクル・ウエイト **26**
アンクル・フリップ **80**
アングル・ボード **22**
アングル・ボックス **21**
アングル・ホップ **98**
アンダーハンド・トス **125**
安定性 **15, 32, 99, 100**

[い]

移行期 **163, 176**
1回反応 **62, 65, 92, 99**

1回反応ドリル **39**, 81
一般的準備期 **175**
インクライン・リカシェット **106**
イン・シーズン **175, 176**
　──状態 **176**
インパクト・プライオメトリクス **48**
インパルス発火頻度 **4**

[う]

ウエイト・ベスト **26**
ウエイト・ベルト **26**
ウォーム・アップ **28**
　一般的── **28**
　専門的── **28**

[え]

エクササイズ・タイプ **37**
エクステンディッド・スキッピング **79**
エクセントリック筋活動 **5**
エクセントリック収縮 **3, 4**

[お]

オーバー・ストライド **130, 131**
オーバー・スピード法 **104**
オーバーヘッド・スロー **133**
　ステップからの両手による── **137**
　膝立ち姿勢からの両手による── **135**
　立位からの両手による── **136**
　連続ホップからの── **124**
　仰臥位での片手による── **133**
　仰臥位での両手による── **134**

注）──は直上語句の繰り返しを表す。

オーバーロード 9, 11, 38, 39, 45, 46, 47
　空間的── 10
　時間的── 10
　抵抗的── 10
オフ・シーズン 175, 176
オリンピック・リフティング 173

[か]

階層構造 175
階段 25
回復期 175
カウンタームーブメント・ジャンプ 52, 58
加重局面 19
カット 103

[き]

機械的エネルギー 5
基本ドリル 148
基本プログラム 147
キャッチ&オーバーヘッド・スロー 142
ギャロッピング 76
休息 41
　──時間 42, 74
急停止 120
競争形式 97
強度 37, 41, 46
切り替えし時間 19
切り替え動作 117
記録会 167
筋伸長反射 6
筋線維サイズ 4
筋肥大 166
　──トレーニング 166
筋紡錘 7
　──反射 6
筋力 4, 167
　──の立ち上がり速度 20

[く]

クイック・リープ 68
クール・ダウン 28

[け]

結合組織 37
腱炎 37

[こ]

コア筋力 17
高強度のエクセントリック・エクササイズ 36
交互レッグ・ステア・バウンド 85
交互レッグ・ダイアゴナル・バウンド 89
交互レッグ・バウンド 86
降伏 35
コーディネーション 167
コーン 24
股関節 108
克服 35
コンセントリック筋活動 5
コンセントリック収縮 3, 4
コンビネーション法 44
コンプレックス・トレーニング法 44
コンプレックス法 44

[さ]

最終試合 174
最大エクササイズ 48
最大下エクササイズ 48
最大筋力 17
サイド・ホップ 96
サイド・ホップ-スプリント 97
サム・アップ・ルール 34, 36
サンドバッグ 24

[し]

試合期 163, 175, 176
試合前期 163, 176
試合的練習 178
持久的弾性 41
持久力トレーニング 166
自己受容性の運動感覚 178
シザーズ・ジャンプ 64
　　ダブル・―― 65
沈み込み動作 60
姿勢 15, 32, 99, 100
持続時間 37
シット - アップ・スロー 138
ジャンプ・デカスロン 168
ジャンプ・トレーニング iii
周期的波動スタイル 178
シューズ 26
柔軟性 15, 32
準備 173
　　―― 期 176
償却 7
　　―― 局面 19
ショート - エンド・ジャンプ 53
ショック法 42, 70, 90
ショベル・トス（1 回反応）113
シングル - レッグ・ステア・バウンド 82
シングル - レッグ・ストライド・ジャンプ 66
シングル - レッグ・スピード・ホップ 101
シングル - レッグ・ダイアゴナル・ホップ 102
シングル - レッグ・バット・キック 99
シングル - レッグ・ホップ前進 100
シングル - レッグ・ラテラル・ホップ 103
心臓循環器系 166
伸張反射 4, 6

[す]

垂直 vs 水平による分割 148
垂直スウィング 121

垂直跳び 33, 167
スウィング 108
　　水平 ―― 120
スキッピング 54
スキップ 54
スクワット 32
　　―― ・ジャンプ 52, 57
スター・ジャンプ 60
スタート筋力 9, 17
スタティック・スクワット 58
スタンディング・4 ホップ・ジャンプ 168
スタンディング・トリプル・ジャンプ 168
スタンディング・ロング・ジャンプ 168
スティフネス 4, 8
ストライド・ジャンプ・クロスオーバー 67
ストレッチ - ショートニング・サイクル 5, 6, 18
　　―― のロングタイプとショートタイプ 19
　　高負荷の ―― 14
　　中強度の ―― 15
ストレッチ反応 4
ストレングス・トレーニング 175
スピード 167
　　―― 筋力 9
　　―― ・トレーニング 173
スプリット・ジャンプ 63
スペシャル・プログラム 163
スロー 108

[せ]

絶対筋力 9, 17
漸進性 48
漸進的オーバーロード 9
漸進的段階 48
漸増垂直ホップ 95
絶対的筋力トレーニング 166
専門的準備期 175
専門的ドリル 147, 148
専門的モビリティー 178

[そ]

増強効果 6
相対筋力 17
相対的筋力 32, 175
その場ジャンプ 52

[た]

体幹 108, 175
体幹の鞭打ち動作 136, 137
ダイナミック・ウエイト・トレーニング 17
ダブル・シザーズ・ジャンプ 65
ダブル-レッグ・インクライン＆ステア・バウンド 83
ダブル-レッグ・スピード・ホップ 94
ダブル-レッグ・バット・キック 61
ダブル-レッグ・ホップ前進 92
弾性 5
　　──エネルギー 5
　　──的筋力 17
　　──的反応性 6, 41, 175
ダンベル 24
鍛錬 174, 178

[ち]

チェスト・プッシュ 128, 129
　　──からのダッシュ 131
　　ツー-ポイントまたはスリー-ポイントの構えからの ── 130
遅発性(の)筋肉痛 36, 37
着地衝撃 70
着地用ピット 25
チューブ 25
直列弾性要素 7, 19
貯蔵弾性エネルギー 5

[つ]

ツイスト 108
　　──・トス 117
　　バー・── 116

[て]

テクニック 174, 178
デクライン・ホップ 104
テスト 167
デプス(ドロップ)・ジャンプ 52
デプス・ジャンプ 32, 33, 45, **70**, 167
　　──・リープ 74
デプス・リープ 73

[と]

動作半径 138
動的ウォーム・アップ 178
動的筋力 17
導入期 163
トー・アップ・ポジション 75
トー・アップ・ルール 34
特異性 11, **46**
トス 108
トレーナビリティー 178
トレーニング・セッション 172
トレーニング日 42
トレーニング・プログラム 174
ドロップ・ジャンプ 45, 52
ドロップ・プッシュ 143

[に]

ニー・アップとヒップ・アップ・ルール 34
ニー-タック・ジャンプ 35, **62**

[ね]

ネガティブな仕事 **3**, 4, 6
粘性 4

[の]

ノン・インパクト・プライオメトリクス 48

[は]

バー 23
　　——・ツイスト **116**
ハードル 25
バウンディング **53**
バウンド **53**
爆発的筋力 9, 17
爆発的なプッシュ・アップ **143**
パス 108
バランス 15, 32, 99, 100
パワー **2**, 9
　　——・スキッピング **79**
　　——・チェイン **51**, 108
　　——の階層構造 **173**, 176, 178
バンド 25
反応筋力 9

[ひ]

ピーキング 174, 175, 178
ヒール・アップ・ルール **34**
ひずみ 4, 5
引っ掻き動作 76
ヒップ・プロジェクション **52**, 53, 66, 72, 76, 77, 83, 87, 91, 102, 103
評価 167
ピリオダイゼーション **175**
　　複合的—— 175

[ふ]

ファースト・スキッピング **78**
複数反応 57, 62, 93, 99
　　ポーズつきの—— 57, 62, 99
　　ポーズつき——ホップ **93**
複数反応ドリル 39
　　小休止（ポーズ）つきの—— **40**
プッシュまたはパスの段階的バリエーション **128**
踏み切り姿勢 59, 60
プライオメトリクス v, vi
ブランシング **75**
ブレーキング 121
プレ・シーズン 175, 176
プレ・ストレッチ 4
フロアー・キップ **119**
ブロッキング 56, 61, 63, 67, 72, 79, 87, 90, 92, 96, 98, 99
　　——・ルール **34**, 36

[へ]

並列弾性要素 7
ベスト 12 種目 **147**
ヘビー・バッグ・ストローク **141**
ヘビー・バッグ・スラスト **140**

[ほ]

ポゴ **56**
ポジティブな仕事 **3**, 4, 7
ポスト・シーズン 175, 176
ボックス 23
　　——・ジャンプ **58**, 72
　　——・スキップ **90**
　　——・バウンド **91**
ホッピング **53**
ホップ **53**

[み]

ミクロサイクル 43

[め]

メゾ - 持久力ジャンプ 53
メゾ - パワー・ジャンプ 53
メディシン・ボール 25
　——・オーバー＆アンダー 110
　——・オーバーヘッド・スロー・バックワード 172
　——・オーバーヘッド・スロー・フォワード 172
　——・スクープ・スロー 118
　——・スクープ・トス 114, 123
　——・スクープ・トス・バリエーション 115
　——・チェスト・パス 127, 172
　——・ハーフ・ツイスト 111
　——・フル・ツイスト 112

[も]

モーターユニット 4
　速筋性の—— 4
モビリティー (可動性) 173, 174

[ら]

ライナー性 130, 132, 133
　——の軌道 128
ラテラル・ステア・バウンド 84
ラテラル・バウンド 81, 88
ランニング・4 ホップ・ジャンプ 168

[り]

リーピング 54
リープ 54
リカシェット 54
力積 6, 42

リターン・プッシュ 132
リハビリテーション 37, 38
　——期 163
量 37, **39**, 46
リラクゼーション 106

[れ]

レジステッド 54
レッグ・トス 122

[ろ]

ロケット・ジャンプ 59
ロック 56, 75, 80
ロング・ジャンプ 52

[わ]

ワークアウト計画 42
ワークアウト進行表 29

訳者あとがき

　2001年7月、ワシントン州スポケンで開催されたNSCA（全米ストレングス＆コンディショニング協会）年次総会の統一テーマは、"Back to the Basic(基本に立ち戻れ)"であった。数々の興味深いセッションが行われたカンファレンス最終日に、本書の著者の1人であるジム・ラドクリフ、オレゴン大学ヘッド・ストレングス＆コンディショニング・コーチによる、プライオメトリクスのプレゼンテーションがあった。そこでは、プライオメトリクスを取り入れていく上で最も大切なことは、まず選手に正確なスキルを獲得させることであるということが強調され、そのために基礎からどのような段階を踏んでいくべきかということが、氏自身による数々のプライオメトリクスのデモンストレーションによって示された。

　ハードルやボックスを用いて、適切なテクニックと起こりやすい不適切なテクニックを何度も何度も連続してやって見せた直後にスライドを使って解説するという、どう考えてもかなりハードなプレゼンテーションであるにもかかわらず、マイクを通してもまったく息切れた様子が感じられないことに正直驚いた。

　その2ヵ月後の9月11日、『コーチング・クリニック』誌に連載中であった翻訳に関する疑問点のリストを携えて、オレゴン州ユージーンにあるオレゴン大学オッツェン・スタジアムのウエイト・ルームにジム・ラドクリフ氏を訪ねた。実は、3日間滞在してすぐ次の予定地に移動するつもりだったのだが、まさにその朝に起きた同時多発テロ事件のため、私は足止めを食うことになってしまい、結局2週間、ウエイト・ルームとフットボールのプラクティス・フィールドに通い、ジム・ラドクリフ氏やアシスタント・コーチ達の仕事を見学させてもらいながら、さまざまな意見交換をすることができた。

　そこで強く感じたことは、スポーツ選手のトレーニングにとって、しっかりとした基礎を時間をかけて積み上げていくことがいかに重要かということであった。本書の「パワーの階層構造」で示されている「準備」や「テクニック」の内容を、段階を踏んできちんと身につけさせていくことなしに、より高度な段階での「鍛錬」は成功しないということである。一見なんでもないようなリフティングやジャンプ動作のトレーニングで、コーチが選手に要求する中身の質の高さと、妥協をせずにさまざまな角度から繰り返し要求し続けることによって、それを確実なものにしていく。簡単な様だが、単にエクササイズのバリエーションを知っているというだけでできることではない。経験による自信や確信はもちろんのこと、科学的知識の研鑽による裏付けとコミュニケーション能力が不可欠となる。

　本書で示されているプライオメトリクスの指導においても、これと全く同じことが随所で強調されていることに気づかれることと思

う。種目の専門性だけの強調や目先を変えるために特殊なエクササイズをつまみ食い的に導入するのではなく、トレーニングの目的・内容・方法を明確にして、より高度な発達のためにこそ、確固とした基礎を段階を踏んできちんと習得させ、その上に適切な強度と量の負荷をかけていくという、プライオメトリクスの指導方法の確立に本書が少なからず貢献することを願わずにはいられない。

長谷川　裕

原著者紹介

　信頼できるトレーニング・テクニックを手に入れたいと望むならば、最も信頼のおける情報源から最良の知識を手に入れればよい。1985年の『爆発的パワートレーニング・プライオメトリクス』の共著者であるジェームズ・ラドクリフとロバート・ファレンチノスは、長年にわたって数え切れないエリート選手にプラオメトリクスを指導し、多大な成果をあげてきた。

　ジム・ラドクリフは1978年からコーチとしての活動を開始し、現在オレゴン大学のヘッド・ストレングス＆コンディショニング・コーチである。1980年からプライオメトリクスの研究に着手し、ジャンプ・トレーニングに関する修士論文をまとめた。プライオメトリクスに関する2冊の著書と1本のトレーニング・ビデオの他に、彼はフットボール、バスケットボール、およびバレーボールのコーチング雑誌のみならず、全米ストレングス＆コンディショニング協会の出版物および「トレーニング＆コンディショニング」誌に膨大な数の論文を執筆している。また、1982年以来、全米各地の主なカンファレンスにおいて爆発的パワー・トレーニングに関する講演を数十回行ってきた。ラドクリフは現在オレゴン州ユージーン在住である。

　ボブ・ファレンチノスは、オレゴン州ポートランドにあるファレンチノス・スポーツ・エンタープライズ・コーポレーションの代表である。彼は今もいくつものスポーツの現役選手であり、クロスカントリー・スキーでは50kmレースを専門として、7回も全米チャンピオンに輝いている。生物学の修士号と博士号を持っており、学術雑誌のみならず一般向けの雑誌や新聞にも広範な著作活動を行っている。スキーの元アメリカ・ナショナルチームのトレーナーでもあった。プロフェッショナルおよびオリンピックの自転車競技選手をはじめ、ランナー、ロッククライマー、登山家、ウルトラマラソン選手、ウエイトリフターの指導を行っている。オレゴン州ポートランド在住。

［訳者紹介］

長谷川 裕（はせがわ ひろし）

京都市生まれ
筑波大学体育専門学群卒業
広島大学大学院教育学研究科博士課程前期修了
現在、龍谷大学経営学部スポーツサイエンスコース教授
ペンシルバニア州立大学スポーツ医学研究室客員研究員（1997－1998）
日本トレーニング指導者協会（JATI）理事　同調査研究委員会委員長
日本トレーニング指導学会代表世話人
パフォーマンス分析協会理事長
元名古屋グランパスエイト・コンディショニングアドバイザー
元HONDA HEAT スポーツサイエンティスト

〈主な編著書〉
『IOC Olympic Handbook of Sports Medicine : Strength Training for Sport』
（Blackwell）〈共著〉
『ストレングス＆コンディショニングⅠ：理論編』『同Ⅱ：エクササイズ編』
（大修館書店）〈共著〉
『アスリートとして知っておきたいスポーツ動作とからだの仕組み』（ナツメ社）
『サッカー選手として知っておきたい身体の仕組み・動作・トレーニング』（ナツメ社）

〈主な訳書〉
『NSCA ストレングストレーニング＆コンディショニング』（ブックハウスＨＤ）
〈共監訳〉
『ボールゲーム指導事典』（大修館書店）〈共訳〉
『レジスタンストレーニングのプログラムデザイン』（ブックハウスＨＤ）
『ゲーム形式で鍛えるサッカーの体力トレーニング』（大修館書店）
『パフォーマンス向上に役立つサッカー選手の専門的体力の測定と評価』（大修館書店）

爆発的パワー養成　プライオメトリクス

Ⓒ HASEGAWA hiroshi　2004　　　　　　　　NDC 781　xii,194p　24cm

初版第1刷発行――2004年11月20日
第7刷発行――2015年9月1日

著　者――ジェームズ・ラドクリフ／ロバート・ファレンチノス
訳　者――長谷川　裕（はせがわ　ひろし）
発行者――鈴木　一行
発行所――株式会社 大修館書店
　　　　　〒113-8541　東京都文京区湯島 2-1-1
　　　　　電話　03-3868-2651(販売部) 03-3868-2299(編集部)
　　　　　振替　00190-7-40504
　　　　　[出版情報]http://www.taishukan.co.jp

装丁者――大久保　浩　　編集協力――今井　拠子
印刷所――図書印刷　　　製本所――図書印刷

ISBN978-4-469-26562-0　　Printed in Japan

Ⓡ 本書のコピー、スキャン、デジタル化等の無断複製は著作権法上での例外を除き禁じられています。本書を代行業者等の第三者に依頼してスキャンやデジタル化することは、たとえ個人や家庭内での利用であっても著作権法上認められておりません。

DVD版 High-powered Plyometrics

爆発的パワー養成
プライオメトリクス

47種類のエクササイズを収録！

上半身・下半身・体幹部を強化する、基礎から高い強度までの47種類のエクササイズをカラー映像で紹介。日本語ナレーション。（収録時間 44分）

価格 本体3,800円+税　　J・ラドクリフ：著　　長谷川 裕：訳

大修館書店

写真でわかる 腹筋・背筋のトレーニング

ディーン・ブリテナム、グレッグ・ブリテナム 著
山口英裕 訳

腹筋・背筋のことを正しく知ってますか？

運動やスポーツで高いパフォーマンスを発揮する時はもちろん、日常生活でさまざまな動作を行う時にも鍵を握っているのが腹筋や背筋です。「なぜ腹筋や背筋は重要なのでしょうか？」本書では、腹筋や背筋の役割を説明した上で、それらを鍛える方法を、写真を使ってわかりやすく解説しています。

●B5判・234頁　本体2,200円

主要目次

高いパフォーマンスを発揮するための強いコア／フィットネスのための強いコア／ウォームアップ，ストレッチング、クールダウン／トレーニング・ガイドライン／トランク・スタビリゼーション、バランス・エクササイズ／腹筋フィットネス・エクササイズ／腹筋ストレングス・エクササイズ／腹筋パワー・エクササイズ／腹筋・背筋のトレーニング・プログラム

大修館書店　　書店にない場合やお急ぎの方は、直接ご注文ください。☎03-3868-2651

定価＝本体+税